英語力ほぼ0から

マイクロソフト役員になった私が実践した

外資系1年目の英語勉強法

越川慎司
Shinji Koshikawa

PHP

はじめに

抜群の英語力がなければ、グローバルな仕事はできない。

多くの人が、そう考えているのではないでしょうか？


私は、英語力ほぼゼロの状態で外資系企業へ転職し、その後マイクロソフトの役員となりました。実は、今でも流暢《りゅうちょう》な英語は話せません。しかし、英語を使うことにまったく抵抗はなく、経営者としてグローバルビジネスを展開しています。

もちろん、外資系企業へ転職した直後は恥ずかしい思いをしました。今となっては笑い話ですが、「I am a pen」と言い間違え、その後のあだ名が「Pen」になったこともあります（詳細は後程お話しします）。

留学経験がない日系企業出身の純ジャパニーズ。リーディング、ライティング、スピーキング、すべてにおいて稚拙《ちせつ》だった私は、外資系企業の門を叩く人のイメージからかけ離れているかもしれません。英語に苦しむ読者のみなさんも、ここまでひどくはないでしょう。

ですが、そんな私でもビル・ゲイツに英語で日本文化を説明するくらいまで成長できたのです。しかも、短期間で。

さて、いったいどんな魔法を使ったのでしょうか？　ポイントは、「ビジネスで通用する最低限の英語をマスターする」と割り切って勉強したことです。

本書では、私が外資系企業へ転職して1年目に実践した英語勉強法を紹介します。その過程で、外資系企業の英語力はどれくらい必要か、マイクロソフトで求められる英語力とはどんなものか、リアルなエピソードを赤裸々《せきらら》に公開します。


就職、異動、転職……英語は苦手だけど、勉強せざるを得ない。

英語を学ぶ意欲はあっても、忙しくて時間がない。

仕事がハードすぎて、英語の勉強がなかなか続かない。

本書は、そんな「昔の私のような悩みを持つ読者」に向けて執筆しました。

「英語なんて無理」と思い込んで自分の可能性に蓋《ふた》をしないでください。本書を読めば、その蓋を取り外すことができますよ！

外資系1年目の英語勉強法　目次

第1章 「非ネイティブ」に必要な本当の英語力

第2章 ビジネス英語1年目の「選択と集中」

第3章　英語はメンタルが9割

第4章 実践 外資系1年目の英語勉強法

第5章 外資系企業で求められる英語力のリアル

第1章

「非ネイティブ」に必要な本当の英語力

拙い英語でも、グローバルビジネスを展開できる理由

私は、2001年に米国系の通信会社へ転職し、その後2005〜2016年までマイクロソフトに在籍しました。今はマイクロソフト退職後に立ち上げた株式会社クロスリバーで働いています。

クロスリバー社は、自ら新たな働き方を実践し、その失敗や学びをクライアント企業へ提供するコンサルティング集団で、これまでに国内外800社以上のクライアント企業の働き方改革を支援してきました。

実際に、クロスリバー社ではどんな働き方をしているかというと、マイクロソフト在籍時に知り合った人たちを中心に39名のメンバーで構成され、全員が副業（複業）を前提として週休3日（最大の週稼働30時間）で働き、各地域に分散してリモートワークをしています。メンバーの拠点は、東京、名古屋、バンコク、パリ、シアトル、ニューヨークなど、さまざまです。

もちろん、メンバー同士の共通言語は英語。ですから、日本にいながら、国外メンバーとは英語で仕事をしています。

こう説明すると、私は英語がさぞ得意なのだろうと思われるかもしれませんが、そんなことはありません。「はじめに」でもお話ししたように、今でもネイティブ並みの流暢な英語は話せません。

今でこそ日常会話やアイスブレイク（雑談）は慣れましたが、得意かと言われると、自信を持って「Yes」とは言えません。しかし、何の問題もなくグローバルビジネスを展開しています。

「え、それでいいの？」と思われるかもしれませんが、いいのです。なぜなら、「自分にとって必要な英語力」を私自身が理解しているから。

だからこそ、英語力ゼロの状態からビジネスシーンで通用する英語力を最速最短でマスターできたのです。

本書を手に取った読者の中には、あまり英語が得意ではないが、英語を短期間でマスターしなければならない方もいるでしょう。

ぜひ、本書がそうした読者のお役に立てればと思い、筆をとりました。思い出すだけで、穴があったら入りたいくらい恥ずかしいですが、私が英語を本気で勉強するようになったきっかけからお話しさせていただきます。

「I am a pen事件」があったから、英語に本気になれた

私は大学卒業後、日系の大手通信会社に入社しました。ＪＴＣ（Japanese Traditional Company）と呼ばれる古い習慣が残る日本企業です。

当時の職場では、英語を話すことはまったくありませんでした。しかし、私は無謀にもＩＴバブル絶頂期に米国のＩＴ企業へ転職することを決意しました。学生時代に取り組んだスカッシュというスポーツで、多様な国々のプレイヤーとの練習を通じて英会話に興味を持ったことが、１つのきっかけです。

海外遠征をしたり、頻繁《ひんぱん》にイギリス人と練習をしていたこともあり、カジュアルな英会話には慣れていたつもりでした。しかし、それはあくまで学生時代の話。社会人になり英語から遠ざかって、何年も経ちます。それでも、自分の英語力はビジネスで通用する、という根拠のない自信を持っていたのです。

当時、私は29歳で英語はあまり話せなかったものの、外資系企業の面接を受けました。面接で質問される内容を想定してヤマを張り、徹底的に英語対策をしたことで、何とか入社できました。あのヤマが外れていれば、間違いなく今の自分はなかったでしょう。

さて、入社後にのんびりと英語力を伸ばせばいいと考えていた私ですが、そんな甘い考えを吹き飛ばす事件が起こります。

転職直後に、上司だった米国本社の副社長が、私の担当する日系企業のお客様を訪問し、ヒアリングをしたいと言ってきたのです。事前打合せで、お客様の傾向や担当者の権限について副社長に英語で説明することになりました。

私は、日本支社の法人営業担当だったため、顧客に対して日本語でやり取りしていました。一方、一緒に働く社内メンバーは多国籍で、英語力が求められたのです。

打ち合わせでは、副社長が私の話す片言の英語を一生懸命に聞いてくれました。副社長はメモを取ろうとペンを探していたので、私は胸ポケットにあったペンを上司に

副社長に笑われる越川氏

渡しました。

そこで、とっさに出た言葉が、なぜか"I am a pen."でした。副社長は爆笑し、「Are you a pen?」と私に聞き、緊張のせいか、私は「Yes」と答えてしまいました。ツボに入ったのか、副社長は笑い続けていました。

そのときの私の頭の中は真っ白でした。まったく英語慣れしていない頭では、とっさに自分が表現したい英語が出てきません。

結局、その後の1年間、「Pen」というあだ名でからかわれることになりました。さらに、「Shinjiは英語ができない」という噂まで広がりました。

事実なので仕方がないのですが、そのことが本当に悔しくて、今思い出しても顔から火が出そうです。

ただ、振り返ってみれば、この強烈に恥ずかしい経験が、自分にとって英語力を磨く原点になったと思います。

失敗から学んだ、学習における「3つの教訓」

その後、本気で英語に取り組むことになるのですが、当時の私は「Pen」とからかわれた悔しさを原動力に、「自分の英語力は伸びるに違いない」と、予感しました。なぜなら、過去にも失敗した悔しさをバネに壁を乗り越えてきたからです。

私は大学受験で3回も失敗しました。1浪、2浪しても希望の大学に進学できなかったのです。特に2浪のときは苦しみました。

これ以上の失敗は許されないという心理的プレッシャー、そして交通誘導員（ガードマン）の深夜アルバイトをしながら昼間に勉強する肉体的疲労。残念ながら努力は報《むく》われず、大学進学が決まってからも両親に対する申し訳なさと自分に対する不甲斐《ふがい》なさで、2週間は食事がろくに喉を通らないくらい落ち込みました。

しかし、この失敗が学習における3つの教訓をもたらしたのです。

1つ目は、**自己理解の大切さ**。

私は、受験の失敗を通じてありのままの自分と真摯《しんし》に向き合いました。自分は何が苦手なのか、どう理解すると覚えやすいのか、覚えるのにどれくらいの時間がかかるのか……、自分の得意なことや悪いクセを分析していったのです。

そして、大学時代にのめり込んだスカッシュを通じ、自分の特性に合わせた方法で技術を磨き、格上のライバルにも試合で勝てるようになり、日本代表ユースメンバーにも選ばれました。

一見、英語の勉強と関係ないように思われるかもしれませんが、自己認識は、自分に最適な学習方法を選ぶうえで必須です。

2つ目の教訓は、**行動継続には「自己効力感」が欠かせないということ**。

アルバート・バンデューラが提唱する「自己効力感理論」をご存じでしょうか。自己効力感とは、自分の能力に対する信念のことで、挑戦する意欲や目標達成への持続性に影響を与えます。

受験で失敗したとき、私の自己効力感は大きく低下しましたが、その後のスカッシュにおいて、これを取り戻すことができました。

小さな成功体験を積み重ねることが、徐々に自己効力感を高める。それを知っていたからこそ、まったく英語がダメでも、階段を一段一段昇って自己効力感を積み重ねて、短期間で英語をマスターすることができました。

3つ目は、**失敗を乗り越える過程で柔軟性を身につけたこと**です。

大学受験の失敗から学習方法を見直した私は、スカッシュでさまざまなアプローチを試し、それぞれの結果を分析し、次のステップにつなげる。この一連の学びの習慣を身につけました。

学び方を試行錯誤する柔軟な思考は、英語学習においても非常に有効です。1つの学習方法に固執せず、さまざまな方法を試す中で、自分に最適な学習スタイルを見出すことができるからです。

今振り返ると、大学受験の失敗は、私にとって1つの大きな節目でした。この失敗がなければ、私は英語を使ってビジネスをすることはなかったと強く感じています。「失敗は終わりではなく、新たな始まり」である。これは、今でも私の信念です。

英語の初学者に立ちはだかる「4つの壁」

しかし、外資系企業へ転職して英語を勉強するにあたり、私には4つの壁がありました。

1つ目は、**「学力の壁」**。失敗を乗り越えてきた経験はあるものの、やはり学力には自信がないのです。

2つ目は、**「お金の壁」**です。29歳で外資系企業へ飛び込んだ私は、経済的な余裕がありません。当時の全財産は、60万円。アメリカでの生活費や抱えていた自動車のローンを考えると、高額な学習教材を買うこともプライベートレッスンを受けることもできません。英語学習に投資できるお金は極端に制限されていたのです。

3つ目は、**「継続の壁」**です。私は熱しやすく冷めやすい性格で、1つのことをじっくり学ぶのが苦手でした。集中力が続かず、根気のいる作業も苦手。すぐに携帯電話を見たり、雑誌を読んだりしてしまい、集中力を維持できませんでした（これが、受験勉強に失敗した理由の1つであることはわかっていました）。

4つ目は、**「時間の壁」**です。時間がない中で、本業とは別に英語学習の時間を確保するのは困難です。

17万人のビジネスパーソンを調査（クロスリバー調査、2023年1月）すると、「時間がない」と回答する人は97・5%もいます。そして、「英語を学びたいができていない」と答えた3.7万人のうち、ダントツトップの理由は「時間がないから（71・2%）」でした。

私も同じです。外資系企業に転職してからは仕事を覚えるのに必死で、ロクに勉強時間を確保できませんでした。それなのに、メールやミーティングで英語を使わないといけません。即、英語を身につけないと仕事が回らないのです。

今すぐに何とか英語をマスターしなければならない。それなのに、こんな状況でいったい、何から始めればいいのか……。正直、途方に暮れていました。

マイクロソフトなのに、「非ネイティブ英語」が当たり前

ですが、のちにマイクロソフトに入社して、あることに気がつきました。

マイクロソフトでは、英語が母国語ではない人たちがたくさん働いています。そこで、彼・彼女らはたとえ間違えても、堂々と英語を使っているのです。

たとえば、私たちが中学校で学んだ「時制の一致」を無視していました。同じ文章内に、過去形や現在形の動詞が混在していることは多々あります。「R（アール）」と「L（エル）」の発音が間違っている人もたくさんいました。

英語に慣れていない私が「あまりうまくない」と感じるくらいですから、控えめに言って、ネイティブからすれば中級レベルの英語ではないでしょうか。

それでも、自信満々な態度とジェスチャーで会話しています。

この光景は最初に入社した外資系企業と同じでした。そして、思ったのです。「これで、いいんだ！」。

「ビジネスシーンでは、必ずしも完璧な英語が使えなくてもいいのだ」と気がついたことで、心理的ハードルが下がりました。

英語コンプレックスを持つ多くの日本人にとって、ネイティブ並みの英語力には強烈な憧れがあります。しかし、現実は英語を話す人口は世界でもそう多くありません。

世界の言語に関する包括《ほうかつ》的な情報を提供する研究プロジェクトであるエスノローグ（Ethnologue：2019年度調査）によると、英語を話す人口はおよそ15億人から20億人と推定され、英語を母国語として話す人口は約3億7800万人です。

英語は、イギリス、アメリカ、カナダ、オーストラリア、ニュージーランドなどの国々で公用語として使われていますが、他の地域は別の公用語があるのです。

つまり英語を話す人の少なくとも7割以上は非ネイティブなのです。

この事実に、気づけたのは幸運でした。

必ずしも正しい英語でなくてもいい！

TEKITŌ NA ENGLISH
これでいいんだ!?

私たちが英語を話せない理由は、「ネイティブじゃないから」ではありません。

本質的な原因は、「完璧な英語」にとらわれて英語に苦手意識を持ち、発言しようとしないことです。

これは後にマイクロソフトで役員に就任したときに気づいたことですが、ネイティブの米国人は必ずしも上手な英語を求めていません。それよりも、経験やコミュニケーション能力、問題解決能力や協調性などのほうが重要視されます。

多様な人種と働く環境で、「英語を話せない人がいる」というのは当たり前な状況なのです。

外資系企業は、世界各地にビジネスを拡大していきますので、今後、非ネイティブの社員のほうがむしろ増えていきます。このように、マイクロソフトのような巨大グローバル企業といえども、英語力のハードルは下がってきているのです。

それでも最低限の英語力は必要です。

もちろん、ＡＩの進化によって自動翻訳が普及し、外国語の勉強が不要になる時代が来るかもしれません。ただし、それがいつなのかはわかりません。ＡＩに過度な期待を寄せて、語学学習を完全に無視するのはリスクが高すぎます。

話が少し脱線しましたが、外資系企業であっても、必ずしも正しい英語を話しているわけではないし、求められてもいない。

この経験が、**私の「英語のメンタルブロック」を破壊してくれました。**「完璧な英語幻想」を捨て、「まずは伝わればいいじゃないか」と発想を転換できたのです。

そして、入社1年目の英語学習の目標を「ビジネスシーンで最低限コミュニケーションできるレベルの英語を習得する」と決めました。

「不完全な英語」だから、相手の記憶に残ることも

1つ、私がマイクロソフトで実感したエピソードをご紹介します。

みなさんは、「ルー語」を、ご存じでしょうか？　私の親戚であるタレントのルー大柴さんが使用している日本語と英語を組み合わせた言葉です。結構、印象に残りますよね。

案外、このテクニックが英語でも通じるのです。

ルー語が印象に残る理由は、2つの要素が挙げられます。

まず、意図的に「引っかかり」をつくっていることです。基本的には8〜9割が日本語で、1〜2割が英語になっています。たとえば、「藪から棒」の「棒」を「スティック（stick）」に置き換え、「藪からスティック」。表現として少しおかしいので、「ん？」と引っかかります。

もう1つの要素は、あえて間違った表現を使うこと。

たとえば、「一寸先はダーク（dark）」という言葉選び。意訳すれば、「uncertain（不確か）」が適切ですが、これも意図的にやっていると思われます。精密な英語ではなく、間違った表現を使うことで相手の印象に残ります。

これは非ネイティブが英語を話す場合でも同様の効果があります。

リエゾン（Liaison）をご存じでしょうか。リエゾンとは、元々はフランス語で起こる音のつながりのことを指し、ネイティブスピーカーがよく使う発音です。

たとえば、「Check it out」の単語を一つひとつ発音すると「チェック イット アウト」となります。一方で、ネイティブスピーカーが通常の発音スピードで発音すると「チェッケラゥ」となります。

こうして単語をつなげて発音すると確かにカッコよく聞こえるのですが、下手な発音で相手が聞き取れないリスクもあります。

マイクロソフトの米国本社にいたブラジル人は、あえてリエゾンを避けていました。「Sent a mail（メールを送った）」はリエゾンを使うと、「センターメール」ですが、彼はゆっくりと「セント　ア　メール」とはっきり発音して確実に伝わるようにしていました。だからこそ、印象的だったのです。

非ネイティブが目指すべきはカッコいい発音よりも「相手に伝わるコミュニケーション」。完璧な英語でなくても、リエゾンを使ってネイティブらしく発音しなくてもいいのです。

ビル・ゲイツとの会話で確信した「非ネイティブ英語のスタンス」

これは、私がビジネスシーンにおいて、ある程度の英語が使えるようになってからの話ですが、英語はビジネスにおけるコミュニケーションの手段であり、何のために英語を使うのか、自分なりに核心をつかんだエピソードを紹介します。

マイクロソフトの創業者であるビル・ゲイツと会話したときのことです。

当時、私は日本マイクロソフトに所属しながら、クラウドサービスの品質を高めるプロジェクトの一員でした。

そのプロジェクトでは、月に1度のカウンシル（council：会議）が米国本社で開催されていました。全世界の各エリアの責任者が一堂に会《かい》し、品質改善について意見交換するのです。ヨーロッパの国々や中国、日本など、全世界からプロジェクトの代表者が参加し、各国の状況について話し合いました。

参加者の一人には、ビル・ゲイツがいました。彼は忙しいので、年に数回しか出席しませんが、たまたま私が彼の近くの椅子に座ったことがあったのです。

そのときの議題は、「サービストラブル」についての情報交換でした。全世界でメールが見られなくなるサービス障害が発生し、顧客に迷惑をかけてしまったのです。侃々諤々《かんかんがくがく》、意見が飛び交う中「トラブルが起きた際、顧客に与えるインパクトを小さくするにはどうすればいいか」という内容に話が及び、私は意見を求められました。

当時、私は日本の最高品質責任者（CQO：Chief Quality Office）として、直接顧客に説明する役割を担っていました。平たく言えば、謝罪訪問の責任者です。

米国本社で私は「Chief Apology Officer（最高謝罪責任者）」とからかわれていましたが、謝罪は対応を間違えれば、即取引打ち切りになる責任重大な仕事です。

土下座とお辞儀の違いを説明する越川氏

そこで、謝罪訪問がどれほど大変なのかを米国本社の役員へ説明することになりました。そしてなぜか話の流れで、土下座の歴史を紹介することになり、「米国本社の皆さんのおかげで、土下座せずに、お客様と和解することができた」と話したのです。

すると、ビル・ゲイツが突然質問してきました。

彼は日本文化に詳しく、お辞儀や会《え》釈《しゃく》などを知っており、そのうえで、「お辞儀と土下座の違いは何だ？」と聞いてきたのです！　すぐに、「土下座は地面にひれ伏すようなもので、お辞儀とは頭を下げる角度が違うんだ。深く謝るのが土下座だよ」と答えました。

"Kneeling down, or dogeza, is like prostrating oneself on the ground, while bowing, or ojigi, involves lowering one's head at a different angle. Dogeza is used to express a deep apology."

ビル・ゲイツはニコニコとゆっくりと頷きながら聞いてくれて、メモを取っていました。私の英語はネイティブのように流暢ではありませんが、「ネイティブにも、自分の拙《つたな》い英語が伝わった」と改めて感じた瞬間でした。

と同時に、非ネイティブのビジネス英語におけるスタンスが見えてきました。**「流暢に話せなくても、相手が知りたいことを話せば、自分の言葉を理解してくれる。つまり『伝わる』。**これでいいのではないか」と。

「ビジネス英語は日常会話より難しい」という誤解

やっぱり、ビジネスシーンで使う英語はシンプルだ。私は改めてそう感じました。

結局、ビジネスにおけるコミュニケーションは万国共通で、あるテーマに沿った内容を自分が話す（書く）↓質問される↓それに答える。あるいは、自分から質問する↓返事をもらう↓何かの意思表示をするというキャッチボールの繰り返しだからです。

ビジネスに限らず、日常会話もそうなのでは……と思われるかもしれませんが、考えてみてください。

多くの人は、「日常会話くらいなら英語で話せます」と言いますが、実は日常会話はビジネス英語以上に難しいのです。

天気、趣味、家族の話、文化、スポーツなど、扱うテーマは多岐に渡り、しかもコロコロと話題が変わる。相手の興味や関心にマッチするように、手を変え品を変え、話題を広げていかないといけません。日常会話のほうがはるかに難易度は高いと思います。

一方、ビジネス英語はテーマがはっきりしています。会議には議題があり、メールには用件があり、プレゼンには商品やサービスの提案という目的があります。

明確なテーマがあるということは、話題が限られているということ。プレゼンや交渉、メールでその内容から大きく外れた質問をされることはないでしょう。

　また、ビジネスにはなんらかの目的があって、その目的を達成するために人が集まっているのですから、聞き手が話者に関心を寄せているケースが多いのです。

　会議では、誰かの発言には真剣に耳を傾けます。メールでは、なんとか内容を理解しようとしますし、プレゼンでは鋭い質問が飛んできます。

　つまり、聞き手側に「理解しようとする姿勢」があるのです。であれば、たとえ拙い英語でも「伝わりやすい土壌」が整っていると言えるのではないでしょうか。

　大事なのは、発音や文法よりも、相手が知りたい質問に答えて、相手が理解すること。相手に具体的に質問をして、答えてもらうこと。これだけです。

　そう考えると、ビジネス英語はある意味で簡単に思えてこないでしょうか？

　もちろん、最終的な目標としては、日常表現やちょっとしたジョークなどを言えるくらい実践的な英語力（生きた英語力）を身につけたいところです。それには、リスニングやスピーキングを繰り返し、異なる文化やバックグラウンドを持つ人たちと交流することも必要でしょう。

ただ、私がこうした実践的な英語を身につけたのは、マイクロソフト在籍時の後半で、年間で地球を4周以上するほど海外出張が多かった時期です。

何が言いたいのかというと、グローバルなビジネス環境に身を置いた1年目から、そんなに高い目標を持たなくてもいいということです。

まずは、最短で最低限ビジネスシーンで通用する英語力を身につける。これを目標とするほうが現実的かと思います。

「SMART戦略」で、最短ゴールの目標設定を

仕事の考え方には、勉強に応用できるものが多いと感じます。その1つが、「SMART戦略」です。

SMART戦略とは、Specific（具体的）、Measurable（測定可能）、Achievable（達成可能）、Relevant（関連性）、Time-bound（期間限定）の頭文字を取った目標設定法で、具体的かつ達成可能な目標を立てることです。

この考え方は、ビジネスにおいて最速最短で目的を達成するのを助けてくれる大変便利なツールです。私は、このSMART戦略を英語学習に転用させてきました。

私が外資系企業に入社した1年目の英語学習におけるSMART戦略で言えば、まず、**「Specific（具体的）」**な目標を設定しました。「3カ月後にビジネスメールを書けるようになる」といった具体的な目標を立てることで、勉強する内容にフォーカスしました。

次に、**「Measurable（測定可能）」**な目標を設定します。これにより、自分の進捗《しんちょく》状況を把握しやすくなります。たとえば、「英語で、1週間に5通のビジネスメールを書く」といった目標です。定量的な指標になるため、自分の英語学習の進捗を客観的に把握することができます。

そして、**「Achievable（達成可能）」**な目標を立てることにしました。現実的で達成可能な目標を立てることで、無理なく継続的に学習に取り組むことができます。

たとえば、語彙《ごい》力を鍛えるために「毎日100個の英単語を覚える」といった目標を掲げても、働きながらそれを実行するには現実的には厳しく、挫折してしまいます。

そこで、「1日に10個の英単語を覚える」とハードルを低くすることで、無理せず学習を継続できました。

「Relevant（関連性）」のある目標設定も大切です。自分の職務やキャリアビジョンに関連する英語スキルの習得で、学習意欲を維持しやすくなりました。

外資系企業に転職して1年目の私は、セールス担当だったので、顧客向けのプレゼンテーションや交渉スキルを向上させる英語力を身につけることを目標に勉強に励みました。

最後に、**「Time-bound（期間限定）」**な目標です。期限を設けることで、ほどよい緊張感が生まれて、士気が高まります。

私自身、ビジネスシーンで使える最低限の英語を1年でマスターする期限付きの目標を掲げたことで、迷うことなくビジネス英語の習得に集中できました。

たびたび、SMART戦略の進捗を振り返ってください。うまくいっていれば自信や達成感が得られ、英語学習を継続する燃料になります。

第3章で解説しますが、継続が必要な英語学習はメンタルが9割と言っても過言ではありません。メンタルが弱くても、SMART戦略などの仕組み化で学習を継続する工夫が必要でしょう。

コラム

20歳のアフリカ人と一緒に働くバーチャル職場

インターネットの第3世代を意味するWeb3時代では、多様な技術が統合され、変革が加速していきます。

例として、5Gおよび衛星技術の進展により、地球上での圏外（ネットワークが接続できないエリア）が解消されていくことが挙げられます。

これは地下鉄や高層ビルでのスマートフォンの接続が改善されるといった問題だけではなく、これまでネットワークに接続されていなかった人々やモノがネットワーク上に急増し、驚異的な変化を生み出します。

特筆すべき点として、アフリカの人々とのインターネット接続が挙げられます。20億人以上が暮らすアフリカでは、これまでネットワークに接続できなかった人々が、Web3の分散型ネットワークにつながることが見込まれます。アフリカ大陸全体の年齢中央値は19・7歳です。人口が急増している東南アジアを含むアジア全体の

32・0歳と比較しても、アフリカのポテンシャルの大きさがわかります。

Web3時代では、通信衛星を通じて、アフリカの人々がインターネットに接続できるようになります。商業取引においても、アフリカの人々がアジアや欧米の人々と取引が行えるようになります。地理的にアクセスが困難な地域の人々ともつながり、独占的または支配的な各国政府からも独立して、個人間で直接つながることが可能になります。アフリカ各国の政府は、教育に力を注ぎ、識字能力や算数能力の向上を推進しています。基礎学習を修了した大量の人口がネットワークに接続することで、先進国からの定型業務の委託が増加することが予想されます。

Excelへのデータ入力や領収書のスキャンなどの定型業務は、インターネットを通じてアフリカの人々にアウトソーシング（外部委託）されるでしょう。英語学習や自動翻訳技術の活用によって言語の壁を取り除くことで、世界中の人と仕事できるようになります。

人手不足が深刻な日本にとって、誰にでもできる仕事を日本人が行う必要はなくなりつつあります。インターネットを通じて、どの地域の人々にも発注が可能になるため、国外に目がいくのは当然です。国内の労働力に頼ることができず、任せることができる作業はアウトソーシングせざるを得なくなります。日本やカナダを含む少子高齢化により労働力不足が進む先進国では、「定型業務ゼロ」の時代が迅速《じんそく》に到来することが予想されます。

Web3の分散型ネットワークにおいては、個人間の受発注による共同作業が一般的となります。そのため、どの人に仕事を任せるか、また誰とチームを組むべきかといった「ゲームプラン」の策定が必要となります。

こうした背景がメタバースの登場を促します。メタバースとは、「仮想空間」を指します。新型コロナウイルス感染拡大の影響で注目された「あつまれどうぶつの森」もメタバースの一例で、現実世界に自分の体が存在しながら、仮想空間で行動できるのが特徴です。アップルも2024年2月にApple Vision Proというデバイスを米国で発売しました。

日本におけるメタバースの事例として、メタバースの草分けである「クラスター(cluster)」では、仮想空間内で大規模なバーチャルイベントを提供しています。

私が執行役員を務めていたリモートアシスタントサービス提供企業、キャスター

（https://caster.co.jp/）では、５００名を超える全メンバー向けの納会を実施したことがあります。フルリモートワークのキャスターでは、物理的に一堂に会する機会はありません。しかし、メタバース上で情報や感情を共有することにより、一体感を得てビジネスを拡大させ、２０２３年10月に東京証券取引所グロース市場へ新規上場しました。

このように、物理的な対面をしていない同僚たちと、仮想空間で、地球規模の共同作業を進めていく働き方はすぐそこまで来ています。

第2章

ビジネス英語1年目の「選択と集中」

1年目の英語で「捨てるもの」「やるべきこと」

ビジネスパーソンの勉強時間は限られています。そうしたとき、学習における「選択と集中」、すなわち「捨てるもの」と「やるべきこと」の選別が必要になります。「捨てるもの」とは、今の自分に必要のない情報や学習方法を見極めることを指します。一方で、「やるべきこと」とは、時間のない中でリソースを集中すべきもの、あるいは拙い英語力をカバーするために取得すべきスキルを指します。

これらの「選択と集中」で、英語学習の効率を高められます。自分の目標や業務に応じて必要な英語力を明確にしてから、まずやめることを決めます。そのうえで、学習効果を最大化する「やるべき学習」に集中することで「外資系企業で必要な英語力」を短期間で身につけることができます。

1．外資系1年目に「捨てるもの」

（1）完璧な英語～本来の目的を追いかける～

第1章でお伝えした通り、日本のビジネスパーソンが英語力を磨く際、ネイティブスピーカーを目指すべきではありません。

完璧を目指していたら、いつまで経っても英語を話せるようにはなりません。大切なのは、正しさよりも、「伝わること」です。

英語を勉強していると、一定数の割合で手段と目的が逆転する人がいます。

たとえば、単語や文法はコミュニケーションの手段ですが、ビジネスでは必要ないような英単語を覚え始めたり、普段使わないような文法の知識を増やすことに固執し始め、その過程で英語を使いこなす本来の目的を見失ってしまいます。

手段の目的化を避けるためには、英語学習の目標を具体的に設定し、その目標に沿って学習内容を整理することが重要です。

たとえば、海外のクライアントと円滑《えんかつ》にコミュニケーションを取ることを目標にするなら、リスニングやスピーキングに重点を置いた学習方法を選択することが効果的です。

また、一人で勉強していると、「ビジネスで本当に必要かどうか」を判断することは難しいので、英語学習において実践的な練習を積極的に取り入れることも、手段の目的化を防ぐのには有用です。

上司や同僚、取引先との英会話、英会話コミュニティや外国籍の友人との交流を通じて、本来の学習目的を明確に保つことができます。

さらに、定期的に学習の進捗を評価し、目標に対する達成度を確認することも大切です。これにより、手段の目的化に陥《おちい》っていないかどうかを自己評価し、必要に応じて学習方法を修正しましょう。

(2) 複雑な文法～まずは「SVO」～

文法は、英語を理解する枠組みとして大切です。文法を理解することで、リスニングはもちろん、ニュースを読む力もつきますから、インプットできる情報が増えるのです。

では、会話や文章作成などといったアウトプットをするにあたって、複雑な文法を使えるようになったほうがよいのでしょうか。

答えは「ＮＯ」です。むしろ、文法にとらわれるほど、おかしな表現になっていきます。たとえば、「私は英語の先生です」と伝えたいとしましょう。そのとき、そのまま直訳して、

「I'm a teacher for English.」

といった具合に、表現する傾向があります。これでは、かえって伝わりにくいのです。そうではなく、

「I teach English.」

これだけで、シンプルに伝わります。

そもそも、話すための文法に関して、完璧である必要はないと私は思います。実際に、欧米のネイティブスピーカーですら文法が間違っているケースもあります。

重要なのは、相手に自分の意図を伝えることができるかどうかです。

極端な話、出川哲朗さんの出川イングリッシュ※や第1章で紹介したルー大柴さんのルー語など、不自然な英語でも相手に伝わればよいのです。

※出川イングリッシュとは、日本テレビ系列のバラエティ番組『世界の果てまでイッテＱ！』の企画である「出川哲朗はじめてのおつかい」の中で、出川氏が使うカタコト英語のこと。

英語を使ってコミュニケーションする際には、文法にこだわりすぎず、自分の考えを相手に伝えることに重点を置くべきです。

後ほど解説しますが、基本的な英文の構造は、主語（S）＋動詞（V）＋目的語（O）の「SVO」パターンで、ほとんどの英文はこの基本構造を拡張し、副詞や前置詞などを加えることで、伝えたい内容を補足します。


ですから、頭の中で言いたいことが浮かんだら、まずは「SVOで表現するには、どうやって言い換えるか？」を考えるといいでしょう。

（3）ネイティブ並みの発音〜下手でも伝わればいい〜

英語には、日本語の「あいうえお」以外にも多くの母音があります。さらに、英語には日本語にはない多くの子音が存在します。

私はこの事実を知ったときに、「どうりでうまく話せないわけだ」と合点がいきました。日本人には聞こえない音を、いきなり話せと言われても無理なのですから。

たとえば、英語の「th」や「v」、「L」と「R」の違いなどは、日本語話者にとっては難しい音です。母音についても、「cat」と「cut」、「bit」と「beat」など、英語の母音は微妙な違いがあります。

その他、アクセントやリズム、イントネーションなど、日本人には馴染《なじ》みのないものがたくさんあります。

誤解なきようお伝えしておくと、2年目、3年目と英語を使うのならば、こうした「日本語にはない音」を理解して話せるようになっておくといいと思います。

しかし、英語がまったくできない状態で、この領域に手を出すのは危険です。確実に挫折するでしょう。ですから、1年目はいっそネイティブ並みの発音はあきらめる。下手でも伝わればいいと割り切りましょう。そのぶん、ボキャブラリーやリーディングなど他の勉強をしたほうが、効率よく英語力を伸ばせると思います。

（4）確実に即答する〜簡易スクリプトを準備する〜

後でご説明しますが、私は外資系1年目は、プレゼンや交渉時には台本（スクリプト）を書いて、丸暗記していました。相手から飛んでくる質問も想定して用意し、こちら側から聞く質問も、すべてスクリプトを用意していました。

その場で流暢な英語でプレゼンし、突然飛んできた質問にも、臨機応変に答える。そんなことに憧れた時期もありましたが、「I am a pen事件」以降、そんな淡い期待は、露《つゆ》と消えました。

いざというときに説明がしどろもどろになるだけでなく、頭が真っ白になって言葉が出てこないというのは怖いものです。

しかし、「即答できないと馬鹿にされる」というのは大間違いです。むしろ知ったかぶって無理に答えるほうが信頼を失います。

ネイティブスピーカであっても即答できないことは多々あります。質問した直後に「Good Question（良い質問だね）」と答えるのは、たいてい「答えを持ち合わせていない」という意味なのです。

想定外の質問を受けたときは、即答せず「I will get back to you later.（後で答えます）」で十分です。

2. 外資系1年目に「やるべきこと」

（1）24時間「英語漬け」を体験する

外資系企業入社1年目の私と同じように、読者の方々もこれまで英語を使ってこなかったと想定しています。

そうした方々にとって大切なのは、何はともあれ「英語の環境に慣れること」です。実際に使う機会を増やすことです。

「何を当たり前のことを」と思われるかもしれませんが、海外にいながら休日は部屋に引きこもってしまったり、家では日本語のコンテンツに触れていたり、英語と距離を取る人が結構いるのです。

気持ちはわかりますが、これでは英語上達の道は遠のいてしまいます。

たとえば、せめて日本語音声・英語字幕で映画を見てみたり、できればオンラインで英語を話すパートナーを見つけたり、海外旅行や海外出張を通じて現地の人々と交流するなどをしてみてください。

また、英語で書かれた日本のニュースや記事を読んだり、英語のYouTubeやビジネス系の洋画を視聴することで、英語に触れる機会を増やしましょう。外資系1年目は「習うより慣れよ」です。

（2）「アウトプット」を増やす

英語力ゼロのときは、まずは何においてもインプット（リーディングやリスニング）が必要ですが、ある程度インプットできたらアウトプット（スピーキングやライティング）する機会を増やしてください。

英語に限らず、勉強というと多くの人がインプットに重点を置きがちですが、知識は使わなければ意味がありません。

英語を使うということは、すなわちアウトプットすることが求められます。アウトプットの比重を高めることで、英語力を実用的なものにしていくことができます。

特に外資系1年目は、アウトプットをするために、インプットする習慣が身につきます。アウトプットを通じて自分の理解度を客観的に評価することができるため、自分の弱点に気がつけるので、そこを重点的に勉強するのです。

たとえば、スピーキングの練習をしていると、発音や文法、語彙に不安を感じる部分が見つかります。これにより、効果的に英語学習の方針を見直し、自分に必要なスキルを磨くことができるでしょう。

さて、アウトプットを行うための具体的な方法として、次のものがあります。

- 学んだことをSNSに投稿する。
- 英語で日常生活や仕事の出来事を話す。
- オンラインゲームや動画配信で英語で話しかける。
- オンラインコミュニティでディスカッションやディベートに参加する。

こうして徐々にアウトプットの比率を高めていくことで、英語を使うことの抵抗感を減らすことができます。

これにより、実際のビジネスシーンで英語を使う際にも、自信を持って発言できるようになるでしょう。

ですから、日本のビジネスパーソンが英語を習得する際には、インプットだけに偏《かたよ》らず、アウトプットにも力を入れることが大切です。

(3)「コミュニティ」に入る

勉強というと、一人で黙々と机に向かう姿を想像しがちです。

しかし、英語学習において、それは必ずしも正解ではありません。一人で勉強すると、孤立してしまいます。「なんで、こんなに勉強しているのに英語ができるようにならないんだ!」と自己否定に陥りやすく、学習継続の妨げになることがあります。

こうした事態を防ぐためには、「コミュニティラーニング」がオススメです。

コミュニティラーニングとは、仲間や同僚、友人などと共に学ぶことで、互いに助け合いながら学習を進める方法です。

コミュニティで勉強する一番のメリットは、メンバー同士で練習相手を見つけやすくなることです。

たとえば、ビジネス英語に特化したディベートやプレゼンテーションの練習を行う際に、学習者同士でフィードバックを与え合うことができます。

それぞれの強みや弱点を理解し合い、適切なアドバイスを与え合うことで双方にメリットがあります。

私は、外資系1年目にネットの掲示板でビジネス英語のコミュニティを見つけ、同世代のタイ人と定期的に会話していました。

英語学習は、根気のいる努力が必要なため、時には学習意欲が低下することがあります。そこで、仲間と共に学習を進めることで、学習意欲を維持しやすくなります。仲間と共に目標に向かって努力することで、達成感を共有し、さらなる学習意欲を引き出すことができるでしょう。

また、コミュニティでは、メンバー同士で情報やナレッジを共有できます。たとえば、役立つ英語教材やアプリ、学習方法などを共有することで、互いに学習の効率を向上させることができます。

近くにコミュニティがないという方は、オンライン上でのコミュニティラーニングに参加するのもよいでしょう。Facebookのグループやstand.fmやvoicyなどの音声チャネルを通じて英語学習者とつながることができます。

多様なバックグラウンドを持つ学習者たちと時間や場所に縛られずに参加できるので、オススメです。

これらの要素を取り入れたコミュニティラーニングは、互いに刺激し合い、助け合いながら学習を進めることで、英語力の向上だけでなく、コミュニケーション力やビジネススキルも同時に磨くことができます。

(4)「アナロジー」に慣れる

英語力ゼロで海外に行くと、知らない単語ばかりに出くわします。やはりボキャブラリーは大事……されど、ボキャブラリーを磨くといっても、忙しいビジネスパーソンが単語を覚えることばかりに時間をかけてはいられません。

そんなときは、ぜひアナロジーを使って時短してください。

アナロジーとは類推のことで、たとえ会話や文中に知らない単語が出てきたとしても、前後の文脈や単語の成り立ちから意味を類推することです。

たとえば、「accelerate」がわからなくても、前後の文脈から「増えていく感じ」という意味を推測するのです。また、「unprecedented」（前例のない）という単語を見たとき、意味を知らなくても、その成り立ちから「un-」が「非」、「pre-」が「前」であることがわかれば、「以前にはなかった」というニュアンスを推測することが可能です。

アナロジーに慣れれば、単語を丸暗記する必要がないので、学習をより効率化できるのです。

(5)「伝わるジェスチャー」を習得する

非ネイティブの我々日本人がネイティブに伝えようとしても、完全に伝わりきらないことがあります。英語が拙いうちは、なおさらです。

そこで、ノンバーバル・ランゲージ(非言語)のジェスチャーが補完的な役割を果たします。

ジェスチャーは、言葉だけでは伝わりにくいニュアンスや感情を効果的に表現する手段として、非ネイティブスピーカーの日本人にとって特に有用です。

たとえば、強調したいポイントに対して手の表現を加えることで、相手にメッセージを強く印象づけることができます。

また、話を聞いている相手が言語の理解に苦労している場合、ジェスチャーを用いて説明を補完することで、相手が理解しやすくなります。

たとえば、道案内をする際に手で方向を示すことで、相手が迷わず目的地にたどり

着く手助けができます
外資系企業でよく使うジェスチャーの代表的なものは次の5つです。

1. 手で物事の大きさや形を示す
英語で説明するのが難しい物や状況について話すとき、手で大きさや形を示すことで、相手にイメージを伝えやすくなります。たとえば、会議で新製品の大きさを説明する際、手で大まかなサイズを示すことで、より具体的な理解が得られます。

2. うなずいて同意を示す
相手の言っていることに同意したり、理解したことを示すためには、うなずくことが効果的です。これにより、コミュニケーションが円滑に進み、相手に安心感を与えることができます。

3. 目線や視線の方向を合わせる
会話中に話題となる物や場所を示す際、目線で方向を示すことで、相手に対象を理解してもらいやすくなります。また、相手との会話中に目を合わせることで、相手への興味や尊重の意思表示にもなります。

4．手を挙げる

質問や意見を述べたいときには、手を挙げるジェスチャーが効果的です。唐突に話し始めるのではなく、積極的に手を挙げて発言機会をもらうのです。これにより、拙い英語であってもあなたの「伝えたい意思」を相手はわかってくれます。また、会議などの場では、発言の順番を確保するためにも役立ちます。

5．指を使って表現する

相手の発言を評価するときに親指を立てる「グッドマーク」で表現すれば確実に伝わります。また、発音が難しいLとRが含まれる左（Left）や（Right）を説明するときに、指で左右を指すことで確実に伝わります。

まだ英語力に自信がないのであれば、それを補完するジェスチャーを積極的に使いましょう。

(6)「1－3－5の型」を習得する

たとえ英語力が低くても、伝える内容が整理されていれば、表現もシンプルかつロジカルになるため、伝わりやすくなります。

つまり、「英語を話す前」が勝負なのです。

そこで、英語でのプレゼンテーションやミーティングで、自分の意見やアイデアをわかりやすく伝えるために、「1－3－5の型」を紹介します。このルールに従うことで、拙い英語であっても、簡潔でわかりやすく、かつ相手の注意を引く説明ができます。

1－3－5では、まず1つの主題（トピック）について、3つのポイントを明確に示します。詳細を聞かれたら5つの具体的な情報を提供します。

例を挙げましょう。あるプロジェクトの進捗報告を行う際に、1－3－5の型を適

図2-1 わかりやすく伝える「1－3－5ルール」

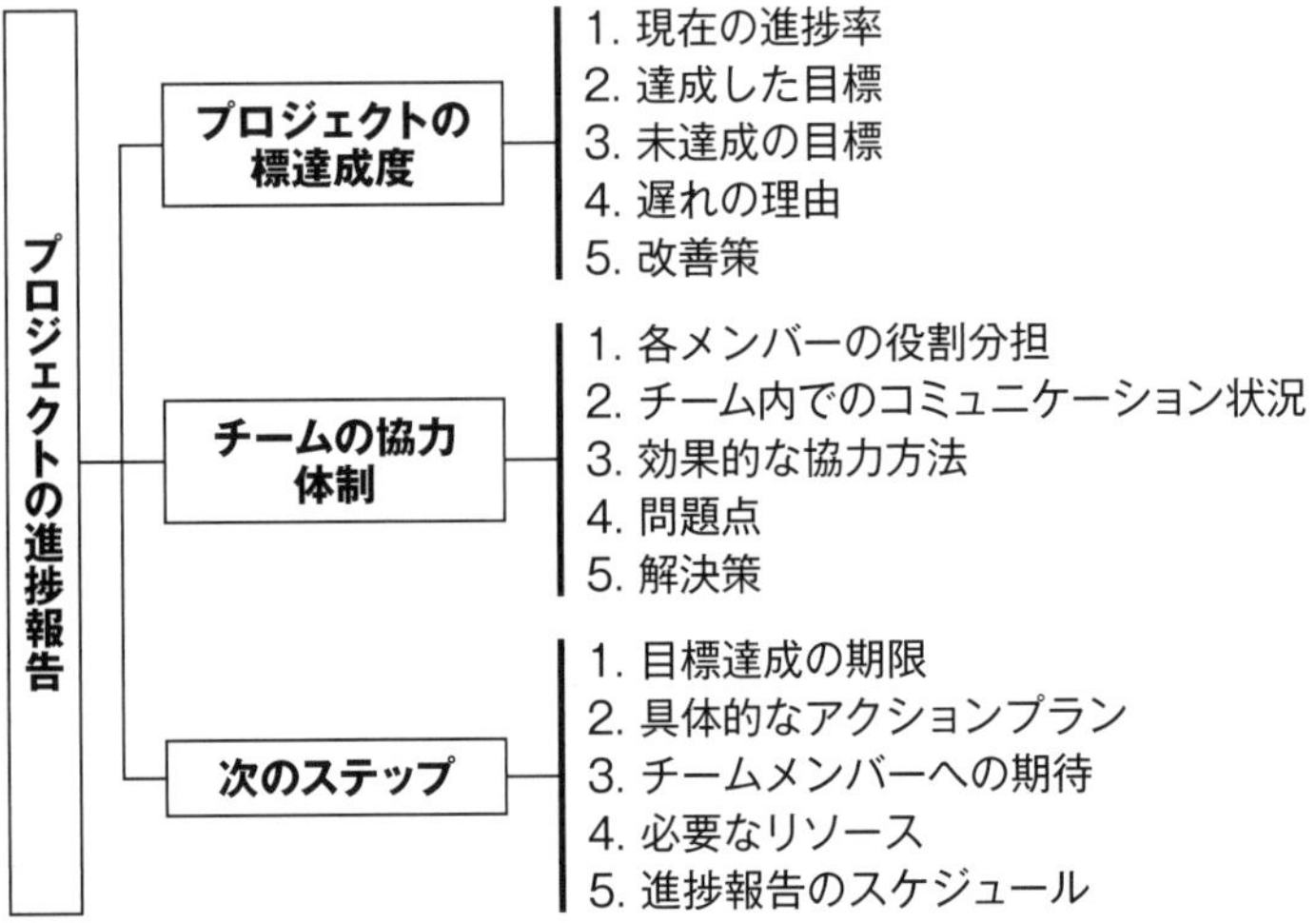
プロジェクトの進捗報告
プロジェクトの標達成度
1. 現在の進捗率
2. 達成した目標
3. 未達成の目標
4. 遅れの理由
5. 改善策
チームの協力体制
1. 各メンバーの役割分担
2. チーム内でのコミュニケーション状況
3. 効果的な協力方法
4. 問題点
5. 解決策
次のステップ
1. 目標達成の期限
2. 具体的なアクションプラン
3. チームメンバーへの期待
4. 必要なリソース
5. 進捗報告のスケジュール

1つのテーマについて、3つのポイントを明確にし、それぞれのポイントに対して、5つの具体的な情報を提供する。これは、英語が拙くてもわかりやすく伝えるツールとしてすぐ活用できる。

用すると上図のようになります（図2－1）。

このように1－3－5の型を活用することで、英語での説明が構造化され、相手にとっても理解しやすくなります。

私はマイクロソフトで役員になったときも、1－3－5の型を意識して話すようにしていました。

もちろん、1－3－5の型を効果的に使うためには、練習が欠かせません。

日常的な会話やプレゼンテーションの練習の際に、この型を意識して取り組むことで、英語でのコミュニケーションスキルが向上します。

1－3－5の型をマスターすることで、英語が拙くても説得力のあるプレゼンテーションやディスカッションができるようになります。

コラム

自動翻訳はどれくらい使えるのか

ChatGPTのようなAIサービスによって英語学習は必要なくなるのではないかという議論もあります。しかし、自動翻訳技術が進歩しているとはいえ、英語学習の重要性は依然として高いままです。自動翻訳の利点と限界を理解し、それらを適切に活用することが大切です。

自動翻訳は、短い文章や一般的な表現に関しては、高い精度で翻訳するケースが多いのです。しかし、専門用語や文化的なニュアンス、言い回しなど、より複雑な内容に関しては、翻訳精度が落ちてしまいます。また、自動翻訳は文法や単語の選択を誤るケースもあり、文章の意味が曖昧《あいまい》になることが多々あります。

ビジネスシーンにおいては、自動翻訳技術ではカバーできない領域が多くあります。たとえば、相手の表情や声のトーンから感情や意図を読み取ることや、ビジネスシーンでの適切なコミュニケーションスタイルを身につけることは、英語学習を通じて習得することができます。

さらに、英語学習を通じて、異文化間の理解を深めることができます。言語は文化と密接に関連しており、英語を学ぶことで、異なる文化背景を持つ人々と効果的にコミュニケーションする能力が向上します。

これは、自動翻訳技術だけでは得られない、貴重なスキルです。

英語学習は、自己成長や他のスキルの向上にも寄与します。英語を学ぶ過程で、論理的思考や問題解決能力、継続力など、他の分野でも役立つ能力を身につけることができます。

もちろん、新たな技術や学習方法として取り入れることも大切です。

たとえば、AIを活用した英語学習アプリやオンライン英会話サービスなど、最新の技術を取り入れた学習方法を試すことで、効率的に英語力を向上させることができます。

自動翻訳技術は英語学習の中で活用できる部分もありますが、それだけでは十分ではありません。学習の目的や状況に応じて、自動翻訳と自己学習をバランスよく組み合わせることが、外資系企業で活躍するための鍵となります。

第3章

英語は
メンタルが９割

「間違える練習」をしてこなかった日本人

日本人は学習時間が長いのに、「まったく英語を話せない」と、よく指摘されます。それは、間違える練習をしてこなかったからではないでしょうか？

日本の教育システムでは、英語の筆記能力の正確さに重点を置いていて、実践的な英語の学習は、ないがしろにされています。

さらに、社会人になっても、日本で英語を練習する機会は限られています。こうした背景が、日本人が「英語を話せない」状況に拍車をかけているのでしょう。

一歩世界へ出れば、非ネイティブの人々が間違った英語を堂々と使っています。それでも相手とコミュニケーションを取ろうと努めています。日本ではそうした訓練を積んできた人は少ないと思われます。

一般的に、英語学習の話となると、知識の問題ばかりフォーカスされがちですが、案外メンタルの問題を解決するほうが大事なのではないかと思うのです。

英語を学習する過程では、発音や文法の間違い、コミュニケーションの失敗を恐れることがよくあります。知識を蓄えるよりも「完璧な英語」に縛られた心をどうにかすることが先なのです。


また、メンタルは学習を継続していくうえでも欠かせません。

最低限のビジネス英語をマスターしても、さらに上を目指すには長期的な視点でコツコツと取り組む必要があります。そのためにはモチベーションを維持しながら、自分の目標に向かって努力を続けなくてはいけません。

自分を受け入れる柔軟性も大切です。英語学習の過程で、自分の英語力を客観的に評価する指標は欠かせません。そこで、自分の弱点や間違いに直面する場面がありす。そのときにショックを受けず、現時点での自身の英語力を受け入れ、これからどう勉強していくか、向き合える心が必要です。

さらに、ストレスとの上手なつき合い方も英語学習において重要です。

英語学習を「ストレスの塊」と捉えるのではなく、少しでも「楽しい」と思える学習法を身につけることで、ポジティブな学習環境を保てます。

英語を習得してビジネス現場で活躍している一流の人たちは、どういったモチベーションで英語を勉強していたのか。

私がこれまでにビジネスシーンで接してきた各企業の上位5％の評価を得ている一流社員を調べました。

私の経験も交えてですが、一流の人たちが、忙しい中でどのような心構えで学習を積み重ねていったのかを具体的に紹介します。

コンプレックスは大事な燃料だが、長続きしない

各社の一流社員は成果を出し続けて社内で一目置かれていますが、彼らの中には、英語コンプレックスを抱いている人が意外と多くいました。

実際に話を聞いてみると、プレゼンが苦手、ＴＯＥＩＣで高得点を取ったもののスピーキングはできない、英語のリーディングはできるがライティング能力はない、などといった悩みを抱えていたのです。それも、自身の英語を誰かから指摘されてコンプレックスを植えつけられてしまったようでした。

ですが、私がそうであったように、こうしたコンプレックスは英語学習のモチベーションを高める大きな起爆剤となるので、私は肯定的に捉えています。「バカにされたくない」「下に見られたくない」という強い感情があるから動くのです。

ただし、コンプレックスによるモチベーションは長続きしません。多くの場合、奮起して努力する人は、ある程度のコンプレックスは克服できます。たとえ完璧ではなくても、目標の6～7割程度は達成できるものです。ですから、評価されて給与も上がり、充実感が得られます。

しかし、ここで頭打ちです。コンプレックスが克服されていることに気づいたとき、モチベーションが一気に失われることがあるからです。

これが、成果を出し続ける社員や成果が出始めた社員がブルーになる原因で、燃え尽き症候群に近い状態になることがあります。

たとえば、管理職の課長になりたいという目標が達成されたときに、突然モチベーションが落ちることがあります。大企業では、新卒で入社し、同期と競争しながら管理職を目指します。しかし、それが達成した瞬間にモチベーションが失われることがあります。これは英語学習でも同様です。

そう考えると、コンプレックスをモチベーションの源泉にするのはいいのですが、それだけでは不十分。継続的に英語を学習するためには、もっと明確で強い理由が必要なのです。

「動機づけ」で9割決まる

（1）「3つの質問」で短期目標を

現在、私は17人のメンター（助言者：Mentor）を務めています。フラットで主従関係がないメンティー（助言を受ける人：Mentee）の相談に乗っています。その中で、メンティーから「英語の勉強は必要ですか？」と聞かれる場面が多々あります。

しかし、そのときに私はすぐにこう聞き返します。

必要だと思う理由は何ですか？

なぜなら、その人がどんなビジネスをしたいのかがわからなければ、英語、日本語、中国語のどの言語が必要か、答えられないからです。

もちろん、本書をここまで読まれた方の多くは、英語学習の目的意識がはっきりしていると思います。私自身、1年で最低限のビジネス英語をマスターすると決めてからは、自分が進むべき道がクリアになりました。

ただ、英語学習を続けているうちに、目的を見失うこともあります。そうしたときのために、次の3つを明確にしておきましょう。

「あなたはなぜ英語を必要としているのか」
「具体的に、どのようなシーンで英語を使うのか」
「どれくらいの英語力が必要なのか」

まずは、短期的な目標で構いません。3カ月、6カ月、1年、近い未来にどうなっていたいのか。この目標が、あなたの足元を照らしてくれるはずです。

（2）「will-can-must」フレームワークで中期目標を

では、先ほどの3つの質問を、3年のスパンで考えてみてください――。かなり、難しくありませんでしたか？

それもそのはず、3年後の未来を想像しても、ボンヤリしているでしょう。1年後ならまだしも、それよりも先を想像することは困難です。私自身、具体的なプランはありません。そもそも、3年後の世の中がどうなっているかわからないのですから。

かといって、中期的な目標がいらないというわけではありません。中期目標は、英語を勉強するにあたってブレない軸をつくりあげるからです。

ただ、中期目標では、硬直的で修正のきかない「明確なゴール」を持つ必要はありません。

では、どうやって中期目標を設定するか。

そんなときは「will-can-must」フレームワークを活用するといいでしょう。

図3-1「will-can-must」のフレームワーク

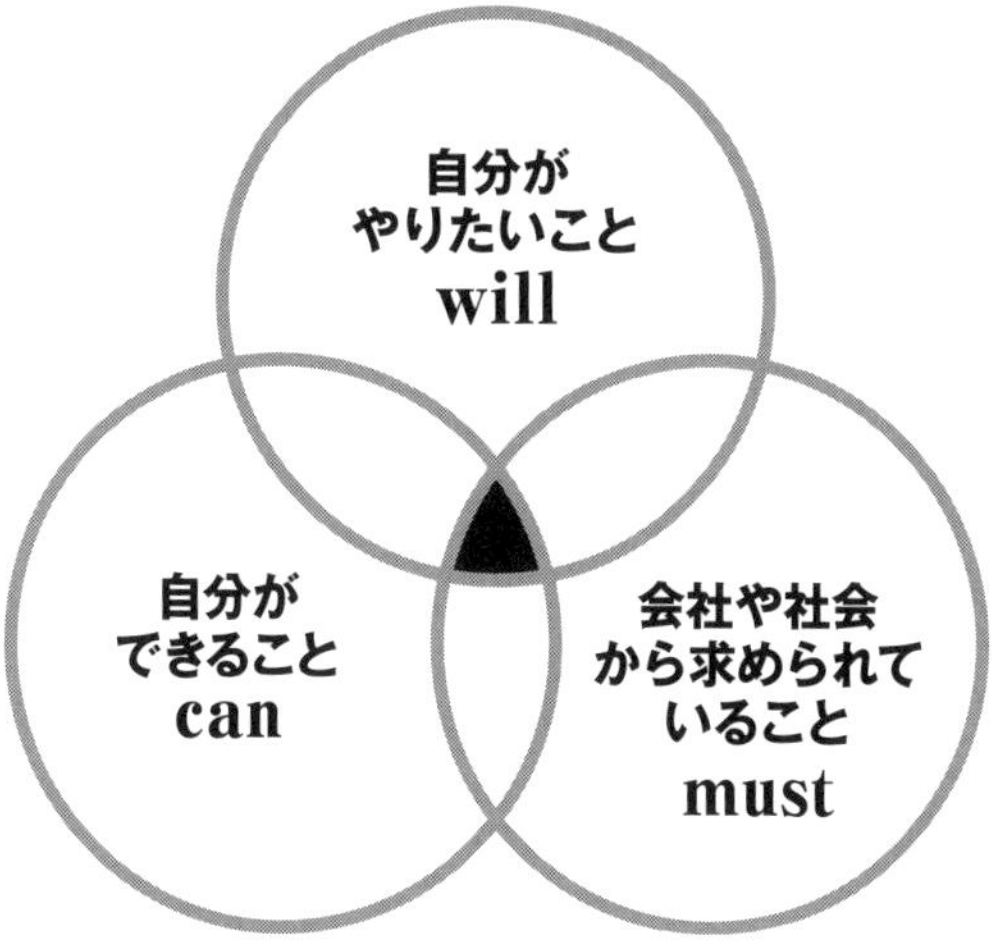

これは、リクルートグループが採用しているキャリア開発のフレームワークで、「自分がやりたいこと（＝will）」「自分ができること（＝can）」「会社や社会から求められること（＝must）」をそれぞれ書き出すのです（図３－１）。その３つが重なり合うエリアを大きくすることを中期目標とするのです。

「３年後のキャリアプランを持っていますか？」というアンケートについては拙著『ＡＩ分析でわかったトップ５％セールスの習慣』（ディスカヴァー・トゥエンティワン）内の

コラムでも紹介していますが、たとえ明確な目標が今はまだないとしても、トップ5%社員の多くは、会社や世の中から求められること（＝must）に対応できるようになる（＝can）うちに、社内外での評価が上がり、その中で将来やりたいこと（＝will）が見つかるというのです。

英語ができる社会人は、目まぐるしく動くこの世の中で、未来の社会像がたとえ想像しづらくても、TOEIC、英検、資格取得などで、自分の中でcanを大きくして、所属する会社や団体が求めてくるmustに重ねていく努力をしていたのです。

（3）「自己選択権の獲得」を長期目標に

これは、最低限のビジネス英語を身につけ、ビジネスシーンである程度自由に英語を話せるようになったことを前提としてお話ししますが、ビジネス英語を使いこなすことができると、自分が望むキャリアや働き方を選びやすくなるのは事実です。

国際的なプロジェクトや海外赴任など、幅広い選択肢が広がります。これにより、自分のキャリアをより自由にデザインし、自己実現をすることができるようになります。

実際に、コンサルした企業の中にも、ビジネス英語の習得によって「自己選択権」を得た方々が多数存在します。

大手製造業に勤務する30代のAさんは、自身の希望で米国プロジェクトに参画することができました。英語力を駆使して、世界中のクライアントやパートナー企業とコミュニケーションを取り、会社の成長に大きく貢献しました。その結果、自分の市場価値も高めることができ、アマゾンからの誘いも受けたそうです。

金融機関に勤めるBさんは、30代半ばで英語力を磨いて海外駐在員として働くチャンスを獲得しました。イギリスに海外赴任中は、現地の文化や価値観を学ぶことで視野が広がり、発想力や傾聴力を身につけることができたそうです。この経験により、インド株のファンドマネージャーのポジションを勝ち取り活躍しています。

国内IT企業に入社したCさんは、英国のビジネススクールに入学しました。所属する会社の研修プログラムの一環で、働きながらMBAの取得を目指しています。英国現地のトップスクールでは、最先端のビジネス知識やスキルを学び、自分の専門性を深めるだけでなく、国際的なネットワークを築くことができたそうです。

地方自治体に所属するDさんは、欧州の現地視察団のメンバーとして参画する権利を得ました。英語を使って情報収集やリサーチを事前に行い、自信と興味を持って現地に赴《おもむ》いたそうです。現地では英語力を駆使して、海外の専門家やリーダーたちと意見交換ができ、帰国後も連絡を取り合っているそうです。

大手通信会社に所属するEさんは、英語力を評価されて、国際会議やセミナーに参加する機会が増えたそうです。年に一度カリフォルニア州で行われるイベントでは、世界中から集まった専門家やビジネスリーダーと交流することができ、インタビューされることもあったそうです。また、現地のパネルディスカッションに参加することができ、イベントに招待される側になったそうです。


はじめは、必要に迫られてしぶしぶ英語を学び始めても、学び続けるうちにより大きなビジョンを描くようになったり、キャリアの展望が開けたりする人がたくさんいます。

今回ご紹介した人たちも、実はそんな方々です。

英語力があることで、自分のキャリアをより自由にデザインできる。ビジネス英語を習得するためには、地道な努力が必要ですが、努力が実を結ぶとき、自分の意思で複数の選択肢の中から選ぶ権利を得ることができるようになるのです。

再現性が高い「学習の習慣化」ノウハウ

(1) はじめの一歩は「やる気に頼らない」

仕事から帰ってきて、疲れて勉強する気が起きない……。そんなビジネスパーソンは多いでしょう。どうすれば、「すぐやる」ことができるのでしょうか。ポイントは、勉強の初動を「やる気に頼らない」ことにあります。

優秀な社員は意思の力ではなく、習慣の力を使います。やる気が出ないときや体調が悪いときでも、自然と英語のテキストを開いているのです。

では、やる気に頼らないためには、どうすべきか。1つは、ルーティン化です。勉強を始める前にコーヒーを飲む、顔を洗う、トイレに行くなどの行動を習慣化し、自然にスイッチが入る仕組みをつくります。

2つ目は、家だけで勉強しないこと。よほど意思が強くないと、家ではだらけてしまう人は多いと思います。そこで、夜遅くまで開いている喫茶店で勉強することをオススメします。いつもの席、いつものコーヒーを頼めば、やる気に頼らず自然と勉強モードに入ることができます。

(2) 驚くほどハードルを下げて「自己効力感」を高める

「どうせ勉強しても、できないんだよな……」

自分の能力に制限をかける考え方は、勉強の習慣化を阻《はば》む大敵です。自分の学力に自信を持てない人は、少しずつ自己効力感を高めることに注力してください。

自己効力感とは、自分の能力を信じて目標に向かって努力できる意識のことです。「自分はできる!」という自己効力感を高めることでモチベーションを維持し、継続して学習に取り組むことができます。

もちろん、無理にポジティブでいろというわけではありません。

少しずつ自己効力感を高める最良の方法は、まずは現状を把握し、達成可能な小さな目標を立てて、成功体験を積み重ねることです。


極端かもしれませんが、「1日1英単語を覚える」でもいいでしょう。びっくりするくらい、ハードルを下げてみてください。

「これでは、短期間でビジネス英語をマスターすることは不可能だ」と思われるかもしれませんが、大丈夫です。

私もそうでしたが、社会人になって「勉強」というものから遠ざかって久しい人たちも少なからずいるでしょう。ゴールから逆算して学習計画を立てることも大切ですが、まずは勉強を習慣化することのほうが、はるかに大切です。

テキストを開くのが苦でなくなってきたと感じたら、徐々に勉強する量を増やしていけばいいのです。

こうして自己効力感を高めて新しい習慣を継続することで、英語力は着実に磨かれていきます。英語学習において、自己効力感を高めることは、成功への道筋を確認しながら、学習を継続することへの原動力になります。

(3) 義務から主体的な学びに変わる「4つの報酬」

達成して得られる報酬をイメージすることは、モチベーションを維持するうえで非常に重要です。報酬のイメージは、目標達成に向けた努力が具体的な成果につながることを想像することです。

報酬をイメージするために、4つの方法を紹介しましょう（図3－2）。

これらの方法を取り入れることで、達成して得られる報酬をイメージしやすくなり、新たな習慣を継続しやすくなります。

英語を習得するための新しい習慣は、単なる義務感からではなく、達成感や自己成長に対する期待から始めることが有効です。

図3-2 報酬イメージ法

1．将来の自分を想像する

英語を習得した後の自分がどのような姿であるかを具体的にイメージしてみましょう。英語が堪能になったことで、どのようなビジネスチャンスが開かれるのか、どのような人間関係が築けるのかを想像することが効果的です。

2．目標達成までの道のりを描く

英語習得に向けた具体的なアクションプランを立て、それを実行することで得られる報酬をイメージしましょう。これにより、目標達成への道筋が明確になり、継続的な取り組みが容易になります。

3．成功体験を記録する

英語学習において得た小さな成功体験を記録し、それを振り返ることで、達成感を味わい、報酬をイメージしやすくなります。成功体験の記録は、自信を持って新しい習慣に取り組むための励みとなります。

4．自分への「ご褒美」を設定する

英語習得に向けた目標達成時に、自分に何らかのご褒美を与えることを計画しましょう。たとえばTOEICで800点を超えたら海外旅行に行くといった自分へのご褒美です。これにより、目標達成への意欲が高まります。

忙しくても勉強が続く「時間術」の実践

(1)「週に15分の内省」で、時間の使い方を見直す

忙しいと、どうしてもまとまった勉強時間を確保することが難しくなります。

そこで、通勤時間や昼休みなどといった隙間時間を活用し、英語学習時間の総量を増やしてみましょう。

そのために、1週間に1回15分だけ、1日の時間の使い方を見直してください。

たとえば、この時間はSNSや動画をダラダラ見続けていた、ついスマホゲームに手を出していた……こうした浪費時間に気づき圧縮するのです。

誤解なきようお伝えすると、リフレッシュを目的として、SNSやゲームをやっているとしたら話は別です。そうではなく、漫然と使っている時間を勉強時間に充《あ》てようという趣旨でお話ししています。

クライアント企業815社を調査したところ、優秀な社員たちは定期的に「内省（リフレクション）」をしている人が多いことがわかりました。

彼らは週に1回15分程度の内省をして、ムダな時間と効果的な時間を把握しようとしていたのです。この内省によって「何も考えずに使っていた時間」に気づきやすいことが、クライアント各社の再現実験で明らかになりました。内省をしたほうが、ムダなことをやめて、時間を生み出すことができるのです。

定期的な内省を通じて自分の行動や優先順位を見直し、英語学習に充てられる時間を生み出しましょう。

(2) 勉強時間の「期限」を設定する

ビジネスパーソンが英語を学習する際は「期限設定」が必要です。日中働いている人が1日に8時間も英語学習するのは現実的ではありません。

現実的な目標を設定し、それに合わせて効果的な学習方法を選ぶのです。無理な目標や過剰な学習量は継続できなくなり、モチベーション低下につながります。

たとえば、半年で英語力を向上させたい場合、毎日45〜90分の学習を継続することで、徐々にスキルを磨くことができます。

外資系企業に転職することを考えている場合でも、必ずしもTOEICで満点が求められるわけではありません。求められるスキルは職種や業界によって異なるため、適切な英語力を目指したほうがよいです。

期限を設定することで、締め切り効果で意欲が高まり、継続してスキルを積み重ねることができます。

自分の目的や状況を見極めながら、時間的節約を設けることで、継続的な英語学習が可能となり、短期間に集中して英語力を身につけることができます。

(3) 脳のゴールデンタイムを活用する

働きながら英語力を磨くには、朝の時間の有効活用がオススメです。私も入社してしばらくは朝に勉強時間を設けていました。

朝、目覚めてから約3時間は、脳が1日の中で最も効率よく働く「脳のゴールデンタイム」と言われています。

この時間帯に英語学習を行うことで、効率的に知識を吸収しやすくなります。

メリットはそれだけではありません。仕事の連絡や家族に邪魔されることもなく、集中力が高まります。


私が外資系1年目で実践していた「朝活学習法」は次のものです。

まず、起床後すぐに英語のニュースやポッドキャストを聞きます。そうすることで、1日の始まりに「英語耳」を準備することができます。

そして、英語の記事をシャドーイング（英語を聞きながらそれを真似して発音する訓練法）することで、職場で英会話する前にウォーミングアップできます。


もちろん、朝が苦手であれば無理強《じ》いはしないのですが、自分に合った起床時間を見つけ、睡眠を十分に確保しながら、朝のゴールデンタイムを活用してください。

朝の英語学習が習慣化されると、着実にスキルが向上しますので、自信を持って英語を話すことができるようになります。

(4) 45分学習で集中を継続する

私はこれまで、さまざまな学習方法を試みました。トイレでフレーズを暗記したり、移動中にCNNニュースを聞いたり……。こうした行動実験によって、学びを積み重ねて自分に合った学習法を確立しようと思ったのです。

中でも効果があったのは、「45分学習法」でした。45分1セットで勉強して、5分休むのです。この方法は、集中力を高めるだけでなく、短期間で多くの情報を効率的に学ぶことができます。

イタリア人のフランチェスコ・シリロの研究によれば、人間の集中力は一定の時間が経過すると低下するそうです。ですから、適度な休憩を取り入れて、集中力を持続させる必要があります。

私は45分勉強して休憩を5分入れる「45分学習法」によって、集中力を高めることができました。45分単位で勉強する際には、学習目標を設定し、時間内にそれを達成しようとしました。

たとえば、最初の45分はリスニングに焦点を当て、次の45分はスピーキングを練習したり。翌日の45分はボキャブラリーを増やすといった具合に、英語の各スキルにバランスよく取り組むように工夫しました。

さらに、短い休憩を利用して、今までの学習内容を振り返り、理解度を確認することで達成感を得ることもできました。これにより、学習内容を定着させることができるだけでなく、自分自身の成長や進歩を実感することができました。

英語学習においては、自分に合った学習方法やペースを見つけることが大切だと思います。

コラム

英語学習で他の能力もアップする

各社の一流社員は、英語学習によって他の仕事でも成果を出していました。いわゆる、掛け算の学習術です。

彼らは英語学習を通じて、さまざまなスキルや知識を身につけ、それらを他の仕事にも活かしていたのです。

たとえば、英語を習得することで、海外の最新情報や専門知識にアクセスできます。これにより、自社の業務やプロジェクトに新しいアイデアやインスピレーションを取り入れることができると発言していました。

また、英語学習によって、交渉力やプレゼンテーションスキルも向上します。英語力が身につくことで、国際的なビジネスシーンでも自信を持って発言できるようになり、クライアントやパートナー企業との交渉を数多く経験することができます。

さらに、英語学習で自信をつけたことで、自社の製品やサービスを堂々と説明できるようになったと発言してくれた人もいます。

英語学習は柔軟性も養う、と言う人もいました。異文化に触れてコミュニケーションすることで、異なる視点や考え方に触れることができ、それらを取り入れることでより柔軟な思考ができるようになるというのです。

さらに、英語学習によって、自己管理能力や時間管理能力も向上します。英語学習は一朝一夕《いっちょういっせき》では身につかないため、継続的な努力が必要です。そのため、タイムマネジメントしながら目標に向かって努力する力がつくそうです。

このタイムマネジメント術は、他の仕事やプロジェクトにも活かすことができ、時間生産性の向上に貢献しているそうです。

英語学習は、自己肯定感や自信を高める効果もあります。英語を習得することで、自分の能力や成果を国際的な舞台で発揮し、評価されやすくなります。

自信に満ちたビジネスパーソンは、チームメンバーや上司にも好印象を与え、より大きな責任のあるプロジェクトを任されることが期待できます。

このように、英語学習は、単に言語能力を向上させるだけでなく、他の仕事にもプラスの影響を与える多面的な効果があります。そのため、英語学習に取り組むことは、ビジネスパーソンにとって掛け算の学習術と言えるでしょう。

第4章

実践
外資系1年目の
英語勉強法

英語力ゼロの私が歩んだ「5ステップ」

必要に迫られて英語を勉強しているとはいえ、楽しくなければ続きません。

そこで、私は英語学習を険しい崖をのぼる修行ではなく、階段（ステップ）を着実に登っていくゲームだと考えていました。

そこで、私は自身の学習を勝手に「ファン&ラーン戦略」（楽しみながら学ぶ）と称しました。第4章では、私が米国で外資系企業に入社して1年目に実践した英語勉強法をお伝えします。

英語初学者が挫折しないよう、ハードルの低い方法を紹介します。

さて、「I am a pen」の英語力のレベルから始まった私が、ビジネス英語を身につけるには、以下のステップが効果的でした。

ステップ1　ボキャブラリー

ステップ2　リーディング
ステップ3　ライティング
ステップ4　リスニング
ステップ5　スピーキング

インプット（ステップ1、2）→アウトプット（ステップ3）→インプット（ステップ4）→アウトプット（ステップ5）とも言えるでしょう。

インプットから始める理由は、当たり前ですが、知らないものは理解できないからです。まずは最低限の語彙力を獲得しないと、読むことも聞くこともできず、この後のステップの効率が落ちてしまいます。

ステップ1と2でインプットした知識をステップ3でアウトプットします。知識を外に出す、外在化によって、実践力を高めます。資料作成やメールで欠かせないライティングをすることで、インプットした知識を長期記憶に入れることができ、学習効果が高まります。

続いて、またインプットに戻ります。言葉や文章の構造が頭に入っているから、聞いて理解が深まります。このステップ4では、わからない単語が出てきても、前後の文脈から意味を推測することができます。

そして、ビジネスで最も大切なステップ5のスピーキングです。ステップ4までこなすと、話すことへの抵抗は減っています。ある程度自信を持って話す機会を増やすことで、自分に足りていない英語の課題が明確になります。

これを繰り返すことで、英語力を伸ばすことができました。

ともあれ、まずは「これだけはインプットせよ」、そして「効率よくインプットする方法」や、アウトプットでは「まず、これだけできればいい」といった具体例を紹介していきたいと思います。

1. ボキャブラリー

外資への転職直後は、スピーキングに力を入れましたが、まったくうまくいきませんでした。そもそも、話す言葉が頭の中にストックされていないのです。

ボキャブラリーがないと、聞くことも書くことも、読むことも話すこともできません。ですから、まずは高校1年生レベルのボキャブラリー（1200～1500語）を習得することが最優先となります。そのうえで、自分が働く業界で使う専門用語（100語程度）を覚えます。

効果的かつ効率的に語彙力を高める方法を3つご紹介します。

(1) 丸暗記よりも理解

子どもの頃は、意味がわからない言葉や文章でも丸暗記できました。しかし、大人になった今、それができる人はなかなかいません。意味がわからないものは、なかなか頭に残りにくいのです。

そのため、大人になった私たちは、子どものように「単語を覚える→理解」ではなく、「理解→単語を覚える」プロセスを経て語彙力を鍛えていくべきだと思います。

大人の暗記には、「理解」が必要なのです。

単に単語の意味や使い方を暗記するだけでなく、その背後にある文化や状況を理解し、なぜその言葉がそのような意味や使われ方を持っているのかを納得することが重要です。

このようなアプローチが、大人の英語学習において効果的な結果をもたらします。


理解とは、単語が持つ意味やニュアンスを把握することです。英単語には、日本語とは異なる文化的背景や概念が関連していることが多々あります。

たとえば、「freedom」という単語の意味は、単に「自由」を表わしているだけではありません。「freedom」は「生まれながらに与えられた自由」というニュアンスで使用され、「先天的・受動的」な自由を表します。なんとなく、「何者にも縛られない開放感」をイメージできます。

自由という意味では、「liberty」という単語もあります。「freedom」に対して、「liberty」は、「自ら勝ち取った自由」というニュアンスで使用され、「後天的・能動的」な自由を表します。こちらは、革命を経て自由を勝ち取ったフランスを感じさせる言葉です。

西洋文化においては、言葉は個人の権利や民主主義といった価値観と密接に関連しています。こういった歴史的背景があれば、言葉のイメージと結びつけたり、類語を比較して覚えることができます。適切な使い方もできるでしょう。

こうした覚え方は、思考力が高くなった大人だからこそできると言えるかもしれません。

言葉を比較するという意味では、同じ言葉が持つ日本語と英語のニュアンスを比べてみると「ファン&ラーン戦略」になります。

たとえば、「irony」という単語は、日本語では弱点をつくいじわるな物言いである「皮肉」と訳されることが多いですが、英語では「状況や言葉の意味が逆転していること」を表す言葉です。

このような違いを理解し、納得することで、英単語の本来の意味やニュアンスの理解がより深まります。

ニュアンスがわかれば、英語のコミュニケーションはスムーズになり、ビジネス現場での誤解やトラブルを避けることができます。

たとえば、「negotiate」は「交渉する」という意味ですが、これを「譲歩を求める会話」や「双方が納得するまで話し合う」という意味で捉えることで、英語での交渉をするうえで適切に用いることができます。

これは、私の「ファン&ラーン戦略」ですが、言葉の背後にある文化や歴史を学ぶことで、学習への意欲が高まりました。

英語学習には、さまざまな教養を身につける面白さもあるのです。

(2)「画像検索」で右脳を刺激せよ

英単語を覚える際には画像検索を使うと効果的です。画像検索を使うことで、単語に対する具体的な印象が強く残り、長期記憶に定着しやすくなります。

さらに、画像検索を使って複数の関連画像を見ることで、単語が持つ多様な意味やニュアンスを理解することができます。

これにより、単語を文脈に応じて適切に使用する力も身につけることができます。

図4-1 右脳と左脳の役割の違い

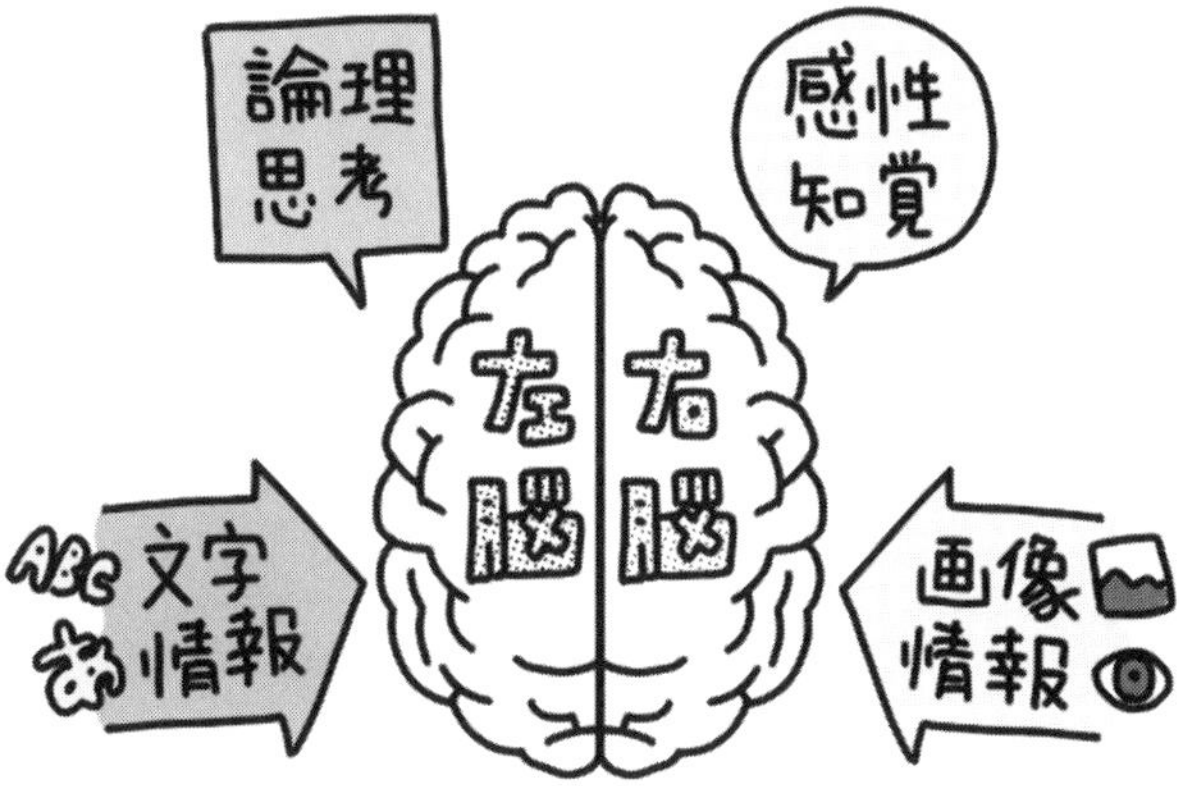

実際に、各社の優秀な社員を調査してみると、右脳の働きを意識して仕事している方が相対的に多かったです。文字情報を処理する左脳だけでなく、情報を画像として処理する右脳を同時に使うことで記憶させる人が相対的に多かったのです（図4－1）。

たとえば、会議や商談で15分を超える説明をする際には、資料の5枚に1枚は大きな画像を入れる傾向にあります。これは、伝わって欲しいことを相手に記憶させるため、相手を飽きさせないために画像を入れて相手の右脳を刺激しているのです。

私自身も右脳活性化を利用しました。単語を覚える際に、文字情報だけでなく画像を組み合わせることで、記憶定着率を高めて、単

図4-2 画像検索の例（canibalizationを画像検索した結果）

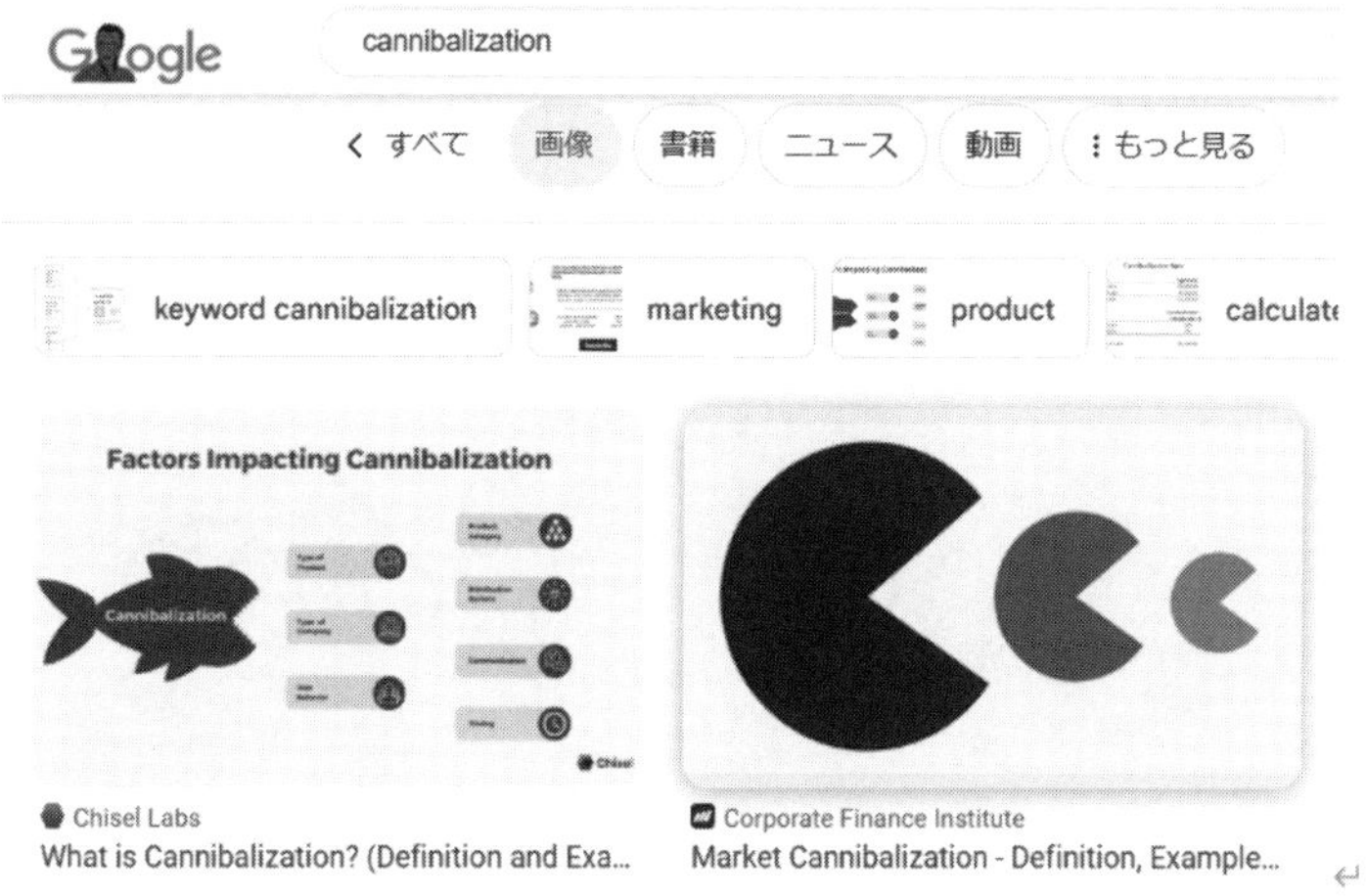

純な記憶作業を飽きないように工夫したのです。記憶したい単語の画像を見ることで、単なる暗記が楽しくなりました。ゲームのように楽しんでいた記憶があります。

たとえば、「cannibalization（カニバリゼーション）」というビジネスでよく使う単語を画像検索すると、口を開けた魚やゲームの「パックマン」のキャラクター画像がたくさん出てきます（図4－2）。画像の見出しをチェックすると、どれもマーケティング手法を実際の写真で説明する記事が出てきます。

複数のステップで魚やキャラクターが同類のものを食べていく画像を見ること

で、「cannibalization」＝共食いする、という言葉の意味を覚えるだけでなく、さらに一つの新製品が自社の他の製品の売上を奪うこと、自社内で共食いするニュアンスを右脳を使って楽しく覚えることができるのです。

単語集の例文を何十分も割《さ》いて何度も読み返すよりも、画像検索は数秒間で誰でもできる簡単な作業です。意外な画像が表示されて楽しむこともできます。

単純な作業ほど「どうやったら楽しめるか？」という観点を持つことが大切です。

また、画像検索を活用することで、英語のイディオムや慣用表現の理解も深まります。英語には、文字通りの意味とは異なる、独特の意味を持つ表現が数多く存在します。これらの表現を画像で視覚化することで、抽象的な概念を理解しやすくなり、実際のコミュニケーションで適切に使用できるようになります。

たとえば、「break the ice」という表現は、文字通りには「氷を破る」という意味ですが、実際には「緊張を和らげて打ち解ける」という意味で使われます。この表現を視覚化すると、初対面の人々が氷を割っている様子を想像することができ、その結果、会話がスムーズに流れ始める様子をイメージしやすくなります。

また、「piece of cake」という表現は、文字通りには「ケーキの一切れ」という意味ですが、実際には「とても簡単なこと」という意味で使われます。この表現を視覚化すると、簡単にケーキの一切れを切り取る様子から、何かを楽々と成し遂げる様子を連想させます。


どうせなら、一枚の画像で複数の単語を覚えたいところです。

たとえば、「sunset（夕日）」の単語を学習する際に、美しい夕日の画像を見ながら学ぶと、その単語はその画像とともに記憶され、単語を思い出すたびにその画像が脳内に浮かぶようになります。

このとき、「tranquil（穏やかで平和な）」の単語も覚えられるかもしれません。夕日が沈む静かな湖畔《こはん》の画像にすれば、一度に2つの単語を連想できるでしょう。

また、その平和で穏やかな雰囲気を英文で表現することで、単語だけでなく、その単語を使った豊かな表現を身につけることができます。

画像を見ながら文章を作る練習をすることで、ただ単語を並べるのではなく、その単語をどのように使って具体的なイメージやストーリーを伝えることができるかという点で、創造力を養うことができます。

これにより、言葉だけでなく、感情や感覚も一緒に学習することができ、英語の表現がより豊かになります。

このように、画像検索を活用する学習法は、非常に効率的です。

まず、自分が覚えたい単語リストを作成し、それらの単語に関連する画像を検索しましょう。

次に、その画像を見ながら、関連する単語も増やしていく。

そして、これらの単語を使って文章を作る練習をします。このプロセスを繰り返すことで、単語の理解と同時に、文章表現力が向上します。

（３）フレーズをストックする

実践的な英語を習得するには、定番のフレーズを覚えておくとよいでしょう。

フレーズをストックしておくことで、英語を自然な流れで使えるようになり、コミュニケーションがスムーズになります。

特に、ビジネスシーンでよく使われるフレーズを学習することは、日本のビジネスマンにとって非常に重要です。定型文なので、ビジネスシーンで何度も使うことでフレーズを体に沁《し》み込ませましょう。

フレーズを紹介する役割は、ビジネス英語のフレーズ集に譲りたいと思いますので、本書では代表的なビジネスシーンに絞り、私が1年目にまず覚えた表現を紹介いたします。

メールやレターの基本表現

「Thank you for your prompt response.（迅速《じんそく》な返信ありがとうございます）」

「I appreciate your cooperation.（ご協力いただきありがとうございます）」

会議やプレゼンテーションでの同意や意見

「I agree with your point.（その点に同意します）」

「In my opinion, …（私の意見では、…）」
「I'd like to propose that …（…を提案したいと思います）」

また、プレゼンテーションの冒頭では、次の表現も覚えておくと便利です。

「Let me begin by introducing myself.（まず自己紹介させてください）」
「Firstly, I'd like to talk about…（まず初めに…についてお話しします）」

会議でワンランク上のフォーマルな提案をするのであれば、次のフレーズを使うと相手の意見に敬意を示すことができます。

「If I may add something（一言申し上げるなら）」
「May I make a suggestion?（提案してもよろしいですか？）」

日常的なビジネスシーン頻出のフレーズ

「Could you please…?（…していただけますか？）」
「How about …?（…はいかがですか？）」

「Hello, this is Koshikawa speaking.（〈電話で〉もしもし越川です）」

電子メールや正式な手紙では、次のフレーズが役立ちます。

「I am writing to inquire about…（～の件についてメールを差し上げております）」

「I am writing in response to your request for information about…（お問い合わせの件について、回答いたします）」

交渉や取引のシーンでも基本的なフレーズ

「We are pleased to consider your proposal.（私たちはあなたの提案を喜んで検討します）」

「We are intrigued by your proposal.（私たちはあなたの提案に興味があります）」

「Could we negotiate a lower price?（お値段、相談させてもらえますか？」

「Can we come to an agreement?（合意に達することはできますか？）」

また、英語のフレーズ学習においては、自分の業務や専門分野に関連する用語を重点的に覚えることをオススメします。

財務状況や投資に関する最低限のフレーズ

「Return On Investment（ＲＯＩ：投資利益率）」や「Balance Sheet（ＢＳ：貸借対照表）」があります。外資系企業では次の内容を話せるようにしておくべきです。

「Our company is focusing on increasing the return on investment for our shareholders.（当社は株主の投資利益率の向上に注力しています）」

「The balance sheet shows the company's financial position at a specific point in time.（貸借対照表は、特定時点での企業の財務状況を示しています）」

ＩＴ用語は省略する前の言葉の意味を理解する

ＡＩやＰｏＣはよく使われる用語ですが、その元の意味を理解しておかないといけません。ＡＩは「artificial intelligence（人工知能）」であり、ＰｏＣは「Proof of Concept（概念実証、試作開発前の検証）」です。

なお、業務や専門分野に関連する用語や例文の学習には、業界のニュースや記事を英語で読むことが効果的です。

これにより、実際に使われているフレーズや表現に慣れることができます。また、専門分野の英語学習書や辞書も活用すると、独自の用語や表現を学べます。

英語の専門用語を使ったフレーズを学ぶことで、外資系の日本法人で働くうえで適切なコミュニケーションをすることができます。

(4) ジョークやイディオムを知っておくと便利

英語圏の人々は、ジョークやイディオムをよく使うことは覚えておきましょう。

これらの言い回しに慣れておくと、「何を話しているんだ?」とならずに済みます。会話についていくことが目的なので、知っておくだけで構いません。

「Why did the chicken cross the road?」(なぜ鶏は道路を渡ったのか?)というよう

なシンプルなジョークは、英語圏の人々にとってはおなじみです。

このジョークの答えは、「To get to the other side（反対側に行くために）」です。このジョークは、聞き手がトンチの利いた落ちを期待するのですが、実際の答えは事実を言っているだけで、聞く人をあえて驚かせない単純さがギャップを生んで楽しいようです。

我々日本人にとって面白いかどうかはさておき、英語圏の人々にとっては子どもの頃から聞かされる一般的なジョークであるため、会話の中でチラホラ出てきます。

有名なジョークを図４－３で紹介します。

こうしたジョークやイディオムは、テレビや動画のコメディーを見て学びました。はじめは何のことだかサッパリわかりませんでした。しかし、いくつかのジョークを覚えることで、ダブルミーニング（一つのワードで二つの意味をほのめかす）や、当たり前でシンプルな答えをすることに米国人は爆笑することがわかりました。

彼らのツボがわかることで、価値観や文化に触れることができたような気がして、嬉しかったのを覚えています。

図4-3 ネイティブが使う「お馴染みジョーク」

Why couldn't the bicycle stand up by itself?
Because it was two-tired.
なぜ自転車は一人で立つことができなかったのか？
※それは2つのタイヤ（疲れた）だから。

Why do we never tell secrets on a farm?
Because the potatoes have eyes and the corn has ears.
なぜ農場では秘密を決して話さないのか？　じゃがいもには目があり、とうもろこしには耳があるから。
※じゃがいもには目（芽）があり、とうもろこしの葉が耳に見えることから、このような表現が使われています。

Why did the tomato turn red?
Because it saw the salad dressing.
なぜトマトは赤くなったのか？　サラダドレッシングを見たから。
※トマトが人間のような感情を持っているかのように描写

このような独特な表現に慣れることで、ネイティブスピーカーの会話リズムについていけるようになりました。

イディオムも、ビジネスシーンではよく出てきます。

たとえば、「break a leg」というイディオムは、文字通りには「足を折る」という意味ですが、実際には「がんばって」や「成功を祈る」といった意味で使われます。

他にもこんな表現があります（図4－4）。

図4-4 著者がよく耳にしたイディオム

It's raining cats and dogs.

雨が激しく降っていることを表すイディオム。直訳すると「猫と犬が降っている」ですが、激しい雨を意味します。

Barking up the wrong tree.

間違った方法で問題に取り組んでいることや誤った方向に進んでいることを表すイディオム。直訳すると「間違った木に吠える」ですが、「間違った方法で物事に取り組む」という意味です。

Bite the bullet.

困難な状況や苦痛を受け入れて前進することを表すイディオム。直訳すると「銃弾にかじりつく」ですが、「困難に立ち向かう」という意味です。

The ball is in your court.

次の行動や決定が相手に委ねられていることを表すイディオム。直訳すると「ボールはあなたのコートにある」ですが、「次の一手はあなた次第」という意味です。

Beat around the bush.

本題を避けて話すことを表すイディオム。直訳すると「茂みの周りをたたく」ですが、「遠回しな話をする」という意味です。

Hit the nail on the head.

問題や課題の本質を正確に把握していることを表すイディオム。直訳すると「釘の頭をたたく」ですが、「正確に要点をつく」という意味です。

繰り返しになりますが、外資系1年目の非ネイティブが、背伸びしてこうしたジョークやイディオムを使う必要はありません。ですが、こうしたフレーズを知っていれば、雑談についていけるので、軽く目を通しておくといいでしょう。

2. リーディング

(1) ジャンル別に「多読」せよ

ボキャブラリーが高まれば、ビジネスシーンで少なくとも何について話されているのか、書かれているのかは理解できるようになります。

ボキャブラリーの次は、リーディングです。ビジネスでは、資料やメール、チャット、報告書、契約書など、さまざまなテキストを読み解く能力が求められます。

リーディングを2番目としたのは、自然な英語表現や構文に触れることで、英語を理解する枠組みができ上がるからです。そうすると、知識の吸収が容易になりますから、インプットできる情報が増えます。効率がよくなるのです。

もちろん、それだけでなく文脈を読み解く力もつくため、会話についていくことも以前と比べてラクになります。

私はこの段階から英語が楽しくなってきました。読める文章が増えていくことで、世界が広がっていく感覚を得られたからです。

みなさんも、この感覚を味わうと学習の継続率がグッと高まるはずです。

さて、リーディングスキルを向上させるためには、多読が効果的です。特に、自分の専門分野に関連する記事や本を読むことで、業界固有の専門用語や表現も学ぶことができます。

たとえば、BBC NewsやThe New York Timesなどのニュースサイトは、幅広いトピックに関する記事が揃っており、日常的に英語に触れる機会が増えます。スキマ時間に英語のニュースやブログを読む習慣をつけると、リーディングスキルの向上が加速します。

私はパソコンや携帯電話などの新製品に興味を持っていたので、次の5つのサイトをチェックしていました。

①The Verge（ザ・ヴァージ）：テクノロジー、ガジェット、サイエンス、エンターテインメントなど幅広いトピックをカバーしている人気のウェブサイトです。

②CNET（シーネット）：ガジェットやテクノロジー関連の最新ニュース、製品レビュー、価格比較などを提供しているウェブサイトです。

③Engadget（エンガジェット）：ガジェットやテクノロジー関連のニュースやレビュー、インタビュー、特集記事を扱っているウェブサイトです。

④TechCrunch（テッククランチ）：スタートアップ、テクノロジー、ガジェット、インターネットのトレンドに関する最新ニュースを提供しているウェブサイトです。

⑤Gizmodo（ギズモード）：テクノロジー、ガジェット、サイエンス、デザインなどさまざまなトピックを扱っているウェブサイトです。

多読の際には、自分の理解度や興味に合わせて選ぶことが大切です。初心者の場合は、比較的簡単な英文や、自分がすでに知っているトピックを選ぶことで、読むモチベーションが維持されて学習継続につながります。

（2）英語情報のインプット術 Googleアラートの活用

Googleアラートを活用することで、英語のインプットを効率化できます。Googleアラートを英語に設定することで、目的の英語情報が自動で入ってくるようになります。

これは、自分の興味や業務に関連する「キーワード」を設定し、定期的にそのキーワードに関連する英語のニュースや記事を受け取ることができるためです。この方法により、英語での読解力や語彙力を向上させることができます。

Googleアラートの設定方法は次の通りです。

1. Googleアラートのウェブサイトにアクセスし、自分のGoogleアカウントでログインします。
2. 興味のあるトピックや業務関連のキーワードを入力し、アラートを作成します。
3. アラートの設定で、言語を英語に変更します。
4. アラートの頻度や情報源など、受け取る情報の条件を設定します。

設定が完了したら、メールで英語のニュースや記事が届くようになります。

この方法を利用することで、自分の興味や業務に関連する英語の情報を効率的にインプットできます。また、毎日英語の記事を読むことで、自然と英語のリーディングスキルや語彙力が向上します。

さらに、Googleアラートで受け取った英語の情報を、同僚や友人と共有することで、アウトプット力を高めることができます。

英語情報のインプット術として、積極的にGoogleアラートを活用しましょう。

(3) 最低限これだけ！「英文法の基本」

文章や会話している相手の意図を正しく理解するには、文法の基礎がしっかりできていなければなりません。文法は言語の基盤であり、正確な意味の伝達や意図の理解に欠かせない要素です。

また、文の構成、句読点など、文法の基本を理解することは、文章の明瞭さと一貫性を高めるのに役立ちます。

しかし、**非ネイティブの日本人にとって完璧な文法は不要です**。中学校で学んだレベルの基礎を復習する程度で構いません。

以下に、押さえておくべき文法の基本事項を紹介します。

①文の構造はまず「SVO」

基本的な英文の構造は、主語（S）＋動詞（V）＋目的語（O）の「SVO」パターン。英文はこの基本構造を拡張し、副詞や前置詞句などを加えることで、より複雑な文を構築しています。ですから、まずは「SVO」だけをマスターしてください。長文を読み解く際や、不明な単語が含まれるときは、まず主語（S）と動詞（V）、目的語（O）を捉えるようにしましょう。SVOの構造を捉えれば、おおよその意味は理解できます。

文の構造を理解することで、英文の意味を正確に把握し、自分自身で適切な英文を作成することが可能になります。

②5つの助動詞

助動詞は、文の成り立ちや意味を変える働きを持つ英語の特徴的な要素です。特に「can」「will」「must」「should」「shall」の5つの意味と使い方を理解しておきましょう。最低限この5つをマスターすれば、リーディングだけでなく、社内での会話にもついていけます。

Can「～することができる」「～してもいい（許可）」
Will「(これから) ～する」 疑問文にすると軽い依頼に Will you come?
Must「(強く) ～しなければならない」 否定文で使うとかなり強い
Should「～すべき」「(軽く) ～したほうがいい」had better～よりも軽い忠告
Shall「(軽く) ～しましょう」 Shall we～? 一緒にやろうと提案。Let's～よりも軽い提案

これらの助動詞は会話の中でよく使われます。それぞれの違いを理解し、使い分けられるようにしましょう。助動詞の使用方法を理解することで、より正確かつ柔軟な英語表現が可能になります。

③3つの関係代名詞

関係代名詞は、先行詞（参照される名詞）と関係節（先行詞に関する情報を提供す

る節）をつなぐために使われ、文の構造を豊かにし、意味を明確にします。
関係代名詞は「who」「which」「that」の3つを理解しておきます。

Who

用途：「who」は人を指すときに使います。
例　：The person who called you is my assistant.
（あなたに電話した人は私のアシスタントです）

Which

用途：「which」は物事や動物を指すときに使います。
例　：The book which you see on the table is mine.
（テーブルの上にある本は私のものです）

That

用途：「that」は人もモノも指すことができますが、主に形式的な文脈や限定用法

（特定のものを指すとき）で使われます。

例　：The letters that arrived were all for you.

（届いた手紙はすべてあなた宛てでした）

3つの違いと使い分け

人を指す場合：「who」が一般的に使われ、「that」も可能ですが、「which」は使いません。

正：The artist who painted this is famous.

可：The artist that painted this is famous.

誤：The artist which painted this is famous.

物事や動物を指す場合：「which」が一般的に使われ、「that」も可能ですが、「who」は使いません。

正：The car which is parked outside is new.
可：The car that is parked outside is new.
誤：The car who is parked outside is new.

限定用法と非限定用法

限定用法（特定のものや人を限定する情報を提供する場合）：「that」と「which」が使われますが、この用法では「which」よりも「that」が好まれることがあります。

非限定用法（追加の情報を提供するが、限定しない場合）：「which」を使い、通常カンマで節を隔てます。この場合、「that」は使われません。

形式性：「which」は非限定用法で使用されることが多く、より形式的な文脈に適しています。「that」は口語的な文脈で書かれた英語でも広く使われます。

英語に自信がない人は、長文のリーディングに苦手意識を持つことが多いでしょう。しかし、関係代名詞を見つけて文章を区切ることで、落ち着いて読み切ることができるようになります。

こうした基本を押さえておけば、ライティングでもリスニングでもスピーキングでも失敗する確率は下がります。

3. ライティング

さて、いよいよ語彙力やリーディングの成果を試すときです。

ビジネスにおいて、電子メールや報告書、プレゼンテーション資料など、英語での「書く」コミュニケーションが欠かせないのは言わずもがなでしょう。

ただ、そこまでかしこまる必要はありません。

「正しい英語を書く」という意識を捨て、まずは「概要が伝わればいい」という気持ちでライティング練習を積み重ねましょう。

英語のライティングスキルは、継続的な練習が必要ですが、メールや短い文書を書く練習を積み重ねることで確実に向上します。

(1)「日記」を書いてみよう

さて、私のオススメは英語で「日記」を書くことです。もちろん、私生活で特に書くことがないのであれば、「業務報告書」でも構いません。

ポイントは、継続して英語のライティングを練習し、文章力や表現力を向上させることです。

英語の日記を始める際には、まず簡単な文から始めることがオススメです。

たとえば、その日の天気や自分が行ったこと、感じたことを簡潔に書くことから始めましょう。次に、徐々に文を複雑にし、新しい語彙や表現を取り入れることで、自分の英語力を試すことができます（図4－5）。

英語の日記を書く際には、定期的に自分の文章を見直すことも大切です。過去に書いた日記を読み返すことで、自分の英語力の向上を実感し、モチベーションを維持することができます。

図4-5 英語での日記例

"May 1st, 2002
Today was a sunny day. I had a meeting with my team in the morning and we discussed our new project. After lunch, I replied to some emails and worked on my presentation for next week's conference. In the evening, I went to the gym for a workout and then had dinner with my family. I feel that my English is getting better because I can write more fluently now. I learned a new idiom today: 'Bite the bullet,' which means facing an inconvenient situation with courage. I will try to use this idiom in my conversations tomorrow."

2002年5月1日
今日は晴れ。朝にチームとミーティングを開き、新しいプロジェクトについて話し合いました。昼食後は、いくつかのメールに返信し、来週の会議のためのプレゼンテーションを作成しました。夕方には、運動のためにジムに行き、その後家族と夕食をとりました。今はもっと流暢に書けるようになったので、私の英語が上達していると感じます。今日は新しいイディオムを学びました：「Bite the bullet」という言葉で、困難な状況に勇気を持って立ち向かうことを意味します。明日の会話でこのイディオムを使ってみようと思います。

(2)「ミーティングの台本」を書いてみよう

台本なんていきなりハードルが高い！ と思われるでしょうか。

いえ、実は日記や業務報告書よりも、ミーティングのスクリプト（台本）のほうがシンプルです。なぜなら、ミーティングにはアジェンダ（議題）があり、そこでは自分の伝えるべき内容が明確だからです。その意味では、ライティングの

図4-6 スクリプト例：社内会議でのファシリテーション

Good morning, everyone. As you know, the project has not progressed as much as we hoped. So let's discuss about the problem. First, I'd like to hear everyone's opinions and suggestions on how we can improve our workflow after a brief overview, Next, we'll discuss the upcoming deadlines and assign tasks to each team members. Finally, we will have a Q&A session to address any concerns or questions you may have. I believe that by working together and communicating effectively, we can make this project a success.

みなさん、おはようございます。ご存じの通り、プロジェクトの進捗が思わしくありません。ですから、今日はこの件について話し合いたいと思います。まず私が簡単な概要を説明した後、皆さんの意見や、ワークフローを改善するための提案を聞きたいと思います。次に、今後の締め切りや各チームメンバーへのタスク割り当てについて話し合います。最後に、質疑応答の時間を設け、皆さんが持っている懸念事項や質問に答えます。協力し合い、効果的にコミュニケーションを取ることで、このプロジェクトを成功させることができると信じています。

練習として最善であると言えます。

さて、上のスクリプト例を見てください（図4－6）。

まず、ミーティングのテーマ、その後に自分が伝えたいポイントを箇条書きします。これが骨格となりますので、具体的な表現や例を加えて肉付けするのは後回しで構いません。

議題は進捗の思わしくないプロジェクトについて、伝えるべき内容は、

1. プロジェクトへの意見や改善案のヒアリング
2. 締め切りとタスクの割り当てについて話す
3. 質疑応答

となるでしょう。

そうすると、骨格はとてもシンプルな英語になります。

（前の文章を受け）「So let's discuss about the problem.」
「First, I'd like to hear everyone's opinions and suggestions.」
「Next, we'll discuss the upcoming deadlines and assign tasks to each team members.」
「Finally, we will have a Q&A session to address any concerns or questions you may have.」

これで、話すべき要素は満たしていますが、最後の一言もお願いします。

「I believe that by working together and communicating effectively, we can make this project a success.」

この最後の一言が重要です。参加者の士気を高めることが本来の目的ですので、最後に力強いメッセージを用意しておいたほうがいいのです。

これはスピーキングにつながる話なのですが、自分で台本を書いたら、その内容を読み上げます。実際に私は外資系1年目に、スクリプトを書いて翌日のチームミーティングでの発言に備えていました。

スクリプトを用意しておくことで、自分の考えや意見を整理し、適切な表現を使って伝えられるだけでなく、緊張やプレッシャーが和らぎ、自信を持って英語で話すことができるようになりました。

ボキャブラリーや文法に自信がないのに台本も用意していないと、いざというときに、頭が真っ白になって言葉が出てきません。

そこで、スクリプトを書いて練習し、発言のスピードやアクセント、イントネーションなどを前夜に練習しておくのです。

最初は丸暗記に必死ですが、スクリプトの練習を重ねるうちに、自分の発言が他者にどのように聞こえるか、必要に応じて修正を加える余裕も生まれてきます。

まずはミーティングなどで発言するためのスクリプトを準備してみてください。

(3) 添削してもらおう

ライティング力を磨くために、日記やスクリプトを第三者に添削してもらうことが効果的です。

第三者に添削してもらうことで、自分の英語力の弱点を客観的に把握することができます。自分ではわからない間違いや改善が必要な点を指摘してもらうことで、どのように勉強すべきか、どの部分に特に注意を払うべきかが明確になります。

また、より適切で自然な言い回しを提案してもらうことで、自分の英語力を向上させることができます。

添削をお願いする相手としては、英語が得意な友人や同僚、またはオンライン英語学習サービスなどが考えられます。

特に、オンライン英語学習サービスでは、専門的な知識を持った人に添削してもらうことができるため、高いクオリティのフィードバックを受けることができます。

それが難しい、恥ずかしいという方は、ＩＴツールや翻訳サービスを使ってチェックすることもできます。

私は２０００年代にアルクやGoogle翻訳を使い、自分がライティングした英語を日本語に翻訳して、誤りや違和感のある表現を修正していました。

現在は、機械翻訳エンジン「DeepL翻訳」を使っています。翻訳精度の高さやＰＤＦなどの文書ファイルをそのまま翻訳できることから重宝しています。

ただし、こういったツールに翻訳をすべて任せてしまうとライティング力は磨かれません。ですから、自力でライティングし、あくまで確認用のツールとして使ってください。

定期的に添削を受けることで、自分の英語力の成長を実感することができます。添削された文章を見返すことで、以前の自分と比較してどれだけ上達したかを確認することができるので、モチベーション維持にもつながります。

4. リスニング

(1) 日本語にはない音やアクセントを意識しよう

リスニング力が向上することで、相手の発言を理解しやすくなるので、自然と会話がスムーズに進むようになり、英会話が楽しくなります。

英語を話す自信も、少しずつついてくるでしょう。

しかし、日本人にとってリスニングは鬼門。英語と日本語の音にはあまりにも違いがありすぎるからです。

そのため、外資系1年目は厳密な違いを理解することは諦めてもらって構いません。

ただし、英語と日本語の音には違いがある、ということを認識しておくことは大切です。私も、外資系1年目は、その違いがわからないまでも、「たぶん、これが違うんだろうな」とアタリをつけながらリスニングしていました。

そして、その違いがある言葉を、シャドーイング（ネイティブスピーカーの音声を聞きながら、同じリズムやアクセントで声に出して練習する方法）してみてください。真似しても自分が発音できない音があることを認識することで、日本語にはない英語独自の音を意識的に聞くようになるからです。

こうすると、「英語耳」を育てることができます。

この反復が、何年か経ってから後で効いてきます。ですから、これから説明する内容は、できないままでも頭の片隅に留めておいてください。

では、英語にあって日本語にはない音とはなんでしょうか？

まず、英語には日本語にはない多くの子音が存在します。たとえば、英語の「th」や「v」、「L」と「R」の違いなどは、日本語話者にとっては難しい音です。

これらの子音を習得するためには、ネイティブスピーカーの発音を聞き、口の形や舌の位置を観察して真似してみてください。

母音についても、英語と日本語の違いを理解することが重要です。英語には、日本語の「あいうえお」以外にも多くの母音があります。

たとえば、「cat」と「cut」、「bit」と「beat」など、英語の母音には微妙な違いがあるため、聞き分けや発音が難しいことがあります。


アクセントやリズムにも注意が必要です。英語には強弱アクセントがあります。英語では強いストレスを置く音節と弱いストレスを置く音節があり、発音の際にストレスをかける位置を意識しないといけません。

このストレスの違いを理解し、英語のリズムに慣れることで、より自然な英語の発音が可能になります。

たとえば、文章の中で特に重要な単語にストレスを置く（強調する）ことで意味を明確にします。「I DIDN'T say he lost the deal.（彼が取引で失敗したなんて、言ってないよ）」では、「DIDN'T」にストレスを置くことで、否定の意味を強調しています（強調の意味で「DIDN'T」を大文字で記載しています）。

異なる単語にストレスを置くことで、文の意味が大きく変わることがあります。このように、ストレスをうまく使い分けることは、意図を正確に伝えるうえで大切です。

イントネーションにも注意を払います。英語では、質問文や断定文、疑問文など、文のタイプによってイントネーションが変わります。

これはスピーキングの領域ですが、イントネーションに気をつけてリスニングすることで、相手の意図がわかるようになります。イントネーションの習得には、英語の音声教材を活用したり、ネイティブスピーカーとの会話がオススメです。

音の連結や省略にも注意が必要です。英語では、単語同士が連結されて発音されることがあります。たとえば、「I am」が「I'm」のように短縮されることがあります。

このような音の連結や省略を理解し、自分の発音に取り入れると、聞き逃すことが減るでしょう。

(2) ネイティブスピーカーのスピードで聞こう

ビジネス英語を習得するには、ネイティブスピーカーが話すスピードで聞く練習をします。英語学習では理解度を優先するために、ゆっくりしたスピードのリスニング練習をする人が多いです。しかし、「学ぶこと」ではなく現場で活用することが目的ですので、現場の会話スピードに慣れる練習をしておいたほうがいいです。

実際のビジネスシーンでは、学校の授業のようにゆっくり丁寧に話してくれることはほとんどありません。

高校の授業で使われる教材では、1分間に80〜100単語のスピードでサンプル音声が流れてきます。一方、ネイティブスピーカーが仕事で話すスピードは1分間で150単語程度です。

ビジネスシーンでは、スピーディーかつ効率的なコミュニケーションが求められるため、ネイティブ並みに話せなくても、ネイティブスピーカーのスピードに慣れておくことが不可欠です。

まずは、英語のニュースやポッドキャストを聞くことで、ネイティブスピーカーのスピードに徐々に慣れていくことがオススメです。最初は速く感じるかもしれませんが、繰り返し聞くことで耳が慣れ、自然と理解できるようになっていきます。

ですが、既にステップ1～3で練習を積んだのであれば、「ネイティブスピーカーの同僚」との会話に挑戦してみてください。同僚をランチに誘うのがオススメです。

すべてを聞き取れる必要はありませんが、重要な部分を聞き逃したと思ったら、「one more time, please.（もう1回お願いします）」でいいのです。


リスニング力を鍛えるうえで、実際の会話スピードでさまざまなアクセントや発音に触れることも大切です。さまざまな国籍の人々と話すことで、多様なアクセントや発音に耳を慣らし、理解を深めることができます。

私がマイクロソフトに入社して最初の上司はオーストラリア人でした。オーストラリア英語では、母音が短くかすれたような音になります。

特に、「i」は「uh」、「a」は「æ」のように発音され、独特のアクセントがあります。

当初は戸惑いましたが、1on1ミーティング（1対1の定期的な対話）を積み重ねることで、自然に英語が入ってくるようになりました。

(3) 英語字幕で理解を深めよう

映画やニュースなどをリスニングしたあとに、字幕を見て答え合わせをすることで理解を深めることができます。

リスニング練習では、英語の音声やビデオを再生しながら、その内容を正確に理解し、聞き取る力を鍛えることが大切です。

リスニング後に字幕を見ることで、聞き取りが難しい部分や、新しい単語やフレーズに触れたときに、その意味や使い方を確認して理解を深められます。

また、字幕を活用することで、英語の発音やイントネーションにも慣れることができます。発音やイントネーションは、英語を聞くだけでなく、話す際にも重要な要素です。字幕を見ながら音声やビデオを聞くことで、自然な英語のリズムや抑揚を身につけることができます。

さらに、字幕を見ながらシャドーイング練習を行うことで、自分の発音を改善することができます。

ただし、字幕を常に見ながらリスニングするのはオススメしません。実際のビジネスでは字幕が表示されることはないからです。

また、リスニングしながら意味を考えてしまうと音を聞き取ることに集中できません。人は「聞く」と「見る」を同時に行おうとすると、どちらか一方の能力が落ちてしまいます。

字幕はあくまでリスニングの精度を高める補助ツールであることを忘れないほうがいいでしょう。

(4)「NHKラジオ講座」を使ってみよう

29歳で初めて外資系企業へ飛び込んだ当時は、経済的に余裕がなかったため、英会話教室に通ったり、プライベートレッスンを受けたりすることはできませんでした。かといって、単語帳を丸暗記するタイプの学習法には疑問を持っていたので、自分にあった学習法を模索しました。そこでたどり着いたのは、「NHKラジオ講座」でした。50代となった今でも聴いています。

NHKラジオ講座は、放送されている内容が豊富で、初心者から上級者まで幅広いレベルをカバーしています。

ビジネス会話で使われる専門用語や表現を教えてくれて、実際のビジネスシーンを想定したロールプレイやディスカッションなど、実践的な学習が可能です。

また、英語学習に役立つさまざまなトピックやジャンルをカバーしており、リスニング力やスピーキング力、リーディング力、ライティング力など、あらゆるスキルを向上させることができます。

NHKラジオ講座の特徴のひとつは、毎週一定の時間帯に放送されることです。これにより、英語学習に取り組む習慣が身につきやすくなります。

継続は力なりと言われるように、定期的な学習が英語力の向上には欠かせません。

また、放送時間が決まっているため、あらかじめスケジュールをたててリスニング練習ができるのも大きな利点です。

NHKラジオ講座は、インターネットを活用した学習もサポートしています。

放送された講座の音声やテキストをオンラインで聞くことができるため、自分のペースで学習ができます。アーカイブ化された過去の講座も利用できるため、自分に合ったレベルやトピックを選んで学習することができます。

インターネットを活用した学習は、通勤時間や休憩時間など、スキマ時間を有効活用して英語学習に取り組むことができる点が大きな利点です。

NHKラジオ講座のもうひとつの特徴は、質の高い講師陣が指導している点です。英語教育の専門家やネイティブスピーカーが講座を担当し、正しい発音や表現を教えてくれます。

英語学習においては、継続的かつ効果的な学習が重要です。NHKラジオ講座は、コストパフォーマンスが高く、私にとって最適な学習リソースであると言えます。

(5)「聴く姿勢」を身につけよう

ビジネスシーンで相手の話を注意深く聴くことは、対話を成立させるために必要です。

しかし、どんなに真剣に聴いても、聴き取れないことはあります。そんなとき、英語力の拙さをカバーするために、「聴く姿勢」が重要になってきます。

これはグローバルでも日本でも同様です。英語で商談する機会がなければ、日本語の商談で「聴く姿勢」を練習してみてください。商談を体験する機会がなければ、YouTubeなどで「セールストレーニング 英語 商談」と検索して出てくる動画を見てシミュレーションしてみてください。

まず、対話で大切なのは関係構築です。「この人は信用できるのか」「ちゃんと、我々の言っていることを理解しているのか」、これを示すために、相手の話を注意深く聴き、理解し、適切に反応することで、相手に信用してもらうのです。

そのため、私は英語が話せなかった当時、話者である相手に体を向けて大きくうなずきながらメモを取って聴いていました。そうした姿勢に好感を持ってくれ、私の下手な英語に合わせてくれる機会が増えていきました。

では、実際に何をしたのか。

①話し手に注目する

話し手の言葉、トーン、ボディランゲージに集中します。電話の通知やメール、他の仕事など、気が散るものはすべて脇に置いて、話し手に注意を向けます。相手の話を遮《さえぎ》らないようにし、相手が何を言おうとしているのかを理解するために耳を傾けます。

②積極的に質問する

相手の話に対して質問を行うことで、理解度を深めると同時に、自分が相手に興味を持っていることを示すことができます。

また、積極的に質問をすることで問題解決が容易になります。相手が何か問題を抱えている場合には、質問を通じてその問題の本質を理解することができます。

さらに相手が持つ知識や経験を引き出すことで、問題解決に役立つ情報を得ることもできます。

③反対意見にもうなずく

話し手の立場になって、たとえ同意できなくても、話し手の視点を理解しようとする姿勢が必要です。反対意見であってもうなずいて、相手が発言してくれたことに敬意を示します。

反対意見を述べる議論は、相手の発言が終わったあとでよいのです。反応（うなずき）と議論を分けることで、異なる立場の人と良好な関係を築くことができます。

こうして聴いている姿を見せることで、関係を構築することができたのです。

話し手に興味を持ち、しっかり聴くことは、相手に対する敬意の表れです。これにより、相手と良好な関係を構築できるのです。

5. スピーキング

話すことを苦手にする人が最も多いと思います。私もそうでした。がんばって話したのに、うまく表現できず挫折した経験をした人も多いでしょう。

こうした恥ずかしい思いや、悔しさを経験するのがスピーキングです。

だからこそ、学習の順番を最後にしました。

ボキャブラリーが乏《とぼ》しいと英語がすぐに出てきません。リスニングができないと、相手の質問に答えることができません。リーディングも含めて、それぞれのスキルをバランスよく磨いていかなくてはなりませんが、スピーキングは「くじけやすいスキル」であることから、ある程度の基礎力が備わってから練習を重ねるべきだと思います。

(1) シャドーイングをしてみよう

シャドーイングとは、ネイティブスピーカーの発音やイントネーション、リズムを真似ることを目的とした練習方法です。英語をリスニングしながら、その発言を真似て発音することで、正しい発音と適切なリズムを習得することを目指します。

シャドーイングの具体的なやり方は図4-7の通りです。

シャドーイングを行う際は、ネイティブスピーカーの発音やイントネーション、リ

図4-7 シャドーイングの3ステップ

1．素材の選定
まず、適切な音声素材を選びます。自分の英語レベルに合った素材を選ぶことが重要です。簡単すぎると効果が薄く、難しすぎると挫折してしまう可能性があります。

2. リスニング中
音声を再生し、リスニングをしながら発音します。最初は音声の速さについていくのが難しいかもしれませんが、練習を重ねることで徐々に慣れていきます。

3. リスニング後
音声を再生し、リスニングをした後に話者の発言を真似して発音します。聴くことと話すことを分けて、じっくり発音していきます。

ズムをできるだけ正確に真似しましょう。私は自宅で映画を観て、あたかも出演者になったかのように身振りを入れて話していました。

定期的にシャドーイング練習を行うことで、徐々に話すことへの抵抗が和らいでいくことを実感できます。

(2) 自信を持って話そう

自分の考えや意見をはっきりと話すことで、伝わるパワーが増します。また、自信に満ちた態度は相手に好印象を与え、良好な関係構築につながります。

自信を持って英語を話すためには、リスニング、スピーキング、リーディング、ライティングの各スキルをバランスよく習得しておく必要があります。学習時間を積み重ねることで自信が出てくることもあります。英語での会話に慣れることも大切です。友人や同僚と英語で話す機会を作ることで、自然な英語表現やコミュニケーションスキルを身につけることができます。

英語を話す際に緊張するのは仕方がありませんが、自分の英語スキルを信じて、失敗を恐れずに積極的に話していきましょう。失敗をしても、私のように未来の成長につながればよいのです。

さらに、自分に合ったリラックス法を見つけておくことも大切です。深呼吸や瞑想《めいそう》などのリラクゼーション法を取り入れることで、緊張をほぐし、自信を持って英語を話す準備をしておくことができます。私が外資系1年目にやっていたリラックス法は、口角を上げてコーラを一口飲むことでした。

ポジティブなフィードバックを受け入れ、自分の成長を認識することも大切です。他人からの称賛や励ましを素直に受け入れ、自身の英語スキルやコミュニケーション能力の向上を実感することで、さらなる自信につながります。

また、英語を学ぶ過程で出会った困難や課題を乗り越えることで、自己成長につながります。こうした経験は、ビジネスのみならず、人生全般において役立つ財産となります。

(3) ジェスチャーを使ってみよう

言葉以外の方法で相手に伝えるのが非言語的コミュニケーションです。身振り手振りや表情、声のトーンなどを意識して使うことで、表現力が高まります。

まず、アイコンタクトを意識しましょう。英語圏では、アイコンタクトが信頼や誠実さを示すため、10秒に1回程度のアイコンタクトで自分の意思が伝わりやすくなります。

しかし、文化によってアイコンタクトの取り方が異なるため、過度に見つめすぎないように気をつけることが必要です。

姿勢も大切です。姿勢が良く、自信に満ちた態度で話すことで、相手に安心感を与えることができます。

さらに、ジェスチャーを用いることで、言葉だけでは伝えきれないニュアンスを伝えることができます。ただし、文化によってジェスチャーの意味が異なることがあるため、相手の文化に配慮したジェスチャーを心がけましょう。

最後に、適切な距離感を保つことが大切です。英語圏では、個人のプライベート空間を尊重することが重要であるため、相手に近づきすぎず適切に保つことが求められます。

非言語コミュニケーションを意識してスピーキングを練習し、スムーズな意思疎通を心がけましょう。

（4）スタイルの違いを意識しよう

コミュニケーションスタイルは、言語を超えて相手との関係性を築くための重要な要素の1つです。日本語と英語では、コミュニケーションスタイルが異なります。

英語圏ではダイレクトなコミュニケーションが好まれることが多いため、率直な意見や要望を伝えることが求められます。

一方で、相手の立場や感情に配慮しながら、適切な言葉遣いやトーンで伝える必要があります。英語にも敬語がありますので、適切な敬語を使用して相手を尊重することが重要です。たとえば「Could you…?（～してもらえませんか？）」という敬語などといった丁寧な表現を使います。

受け身にならず、質問やフィードバックを積極的に行うことが大切です。英語圏では、アクティブなリスニングとオープンな意見交換が重視されるため、質問や意見を積極的に提案したほうがよいでしょう。また、相手の意見に対して適切なフィードバックを行うことで、信頼関係を築くことができます。

また、英語圏では自己紹介やストーリーテリング（物事をストーリーで伝える技術）が重要視されます。自分の経験や興味を共有することで、相手との共通点を見つけ、関係性を深めることができます。

（5）アジア人と練習しよう

メンタルを鍛えるには、英語でのコミュニケーションに対する恐怖心や緊張を克服する必要がありました。

失敗を恐れずに英語でコミュニケーションを試みることで、学びを得ることができると信じていました。しかし、いきなりネイティブの米国人と話すのには抵抗がありました。

そこで、同じように第二言語を英語としているアジア人と喋《しゃべ》ることをオススメします。第二言語として英語を学んでいるアジア人と話すことは、メンタルを鍛えるのに効果的です。

アジア人同士であれば、第一言語（母国語）が違うためにお互いに英語を使わざるを得ませんし、文化的に近いことから、英語における共通の困難や課題に対して理解し合いやすいです。

また、アジア人同士であれば、英語を母国語としないことから、お互いに完璧な英語を求めず、コミュニケーションを楽しむことができます。これにより、英語を話すことへの恐れや緊張が緩和され、自信を持って英語を使う機会が増えます。

さらに、アジア人同士で英語を使ってコミュニケーションすることで、異なる文化背景や言語習得プロセスに触れることができ、異文化理解力を磨くことにもつながります。

そこで、アジア人の同僚たちとランチをしながら会話することにしました。香港や韓国、インドのメンバーたちと会社のカフェテリアでランチを取るようにしたのです。

英語を第二言語としているアジア人たちとの会話は、ゆっくりでスラングも少ないので、理解が進みました。私の英語でも通じるのだと安心しました。

聞き取りやすく、文化が近いアジアの同僚たちとの会話を増やすことで、恐怖心や緊張が取れていくことを実感しました。

日本にいてもレアジョブなどのオンライン英会話サービスを使えば、フィリピンなどのアジア人と英語で会話ができます。

いきなりネイティブと対等なコミュニケーションを目指すのではなく、アジア人との会話で慣れてから徐々にコミュニケーションスキルを上げるほうがストレスは少ないです。

第5章

外資系企業で
求められる
英語力のリアル

働きながら実践的な英語を身につければＯＫ

マイクロソフトのような外資系企業で求められる英語力は、職種や勤務地、上司によって異なります。

私が所属した日本マイクロソフトも、グローバル企業であるマイクロソフトの日本法人です。

もちろん、英語を話せることはプラスになります。社内のメールや上司とのやり取りで英語を使うことがあります。しかし、マイクロソフトの日本法人では日常のビジネスで英語を使わない人は半分以上います。

私が米国本社に入社したときは、英語が話せることより、日本語が話せることのほうがユニークな能力だと言われました。

シアトル郊外の本社で日本語を話せる人は少なかったです。一方、日本でビジネスを行う日本マイクロソフトでは日本語が必要です。

つまり、本社は日本マイクロソフトの社員にネイティブ並みの英語力を期待しているわけではなく、むしろネイティブな日本語を求めているのです。

ただし、社内での意思疎通には英語が必要です。英語でプレゼンをしたり、他国のメンバーとのコミュニケーションは英語になります。


外資系企業に勤めても、一日中英語を使って仕事をするわけではありません。

日本法人は日本のお客様と仕事をするため、当然ながら英語よりも日本語を使う機会が多いでしょう。

ただし、部署によっては本社や他国とのやり取りが多く、英語によるコミュニケーションが求められることもあります。

日本法人で働くのか、米国本社で働くのか、そして営業なのか開発なのか。勤務地や職種によって求められる英語力は異なります。

また、上司が日本人ではない場合、英語でコミュニケーションを取る必要があります。上司が変わると求められる英語力も変わるのが実情です。

社内には語学教育プログラムもありますが、全員が受講できるわけではありません。まずは基本的なビジネス英語を身につけて、働きながら発音や会話術、プレゼン力などを磨き上げていくことが得策です。

入社面接で見られる4つのポイントとは?

私がマイクロソフトの米国本社へ入社するときにはシアトルで面接を5回受けました。

また、マイクロソフトに入社してからは面接官として100人以上の応募者の面接を行いました。そこで経験したことをお話しします。

面接では、以下のような点をチェックします。

1. スキルと知識

応募しているポジションに関連する技術的スキルや知識が必要です。たとえば、ソフトウェア開発者であればプログラミング言語や開発ツール、アルゴリズムやデータ構造などの基本的な理解が求められます。

2. 課題設定能力

候補者が複雑な課題を解決できるかどうかを判断します。面接では、実際の業務で経験した問題を、どのように解決すべき課題に押し上げ、解決するためにどう仮説を立てたのかを聞かれます。

3. 協調性

チームワークが重要視されます。面接では、過去にどのようなチームで働いた経験があり、どのように協力して課題を解決したかについて尋ねます。

4. 適応力と柔軟性

外資系企業では過去の手法に固執せず、新しい技術や状況に適応できる柔軟性が求められます。面接では、過去にどのような困難に直面し、どう柔軟に対処したかについて尋ねられます。

マイクロソフトなどの外資系企業では、思考力や柔軟性を見るために突拍子もない質問をされることがあります。これはケース面接と言われるものです。

たとえば、「日本の中に自動販売機は何台あると思いますか？」といった答えがないような意地悪な質問が出されることがあります。

こういったケースでは、答えを出すことが求められているのではなく、課題解決のプロセスを審査されています。

自動販売機の台数を推定する際、理由や背景をロジカルに説明する必要があります。つまり、自動販売機が何台あるかはどうでもよく、なぜその台数だと思ったのかを面接官に納得させる仮説設定が求められます。

マイクロソフトの日本現地法人である日本マイクロソフトの面接では、日本人が面接官となり、日本語でコミュニケーションを行うケースが多いです。

職種によっては、入社面接で英語の面接があることもあります。

約5人の面接官からインタビューを受けます。一緒に仕事をする可能性のある人が、職場での相性を見極めるために質問するものなのですが、その中で1人や2人が英語で面接することがあります。

特に米国本社と連携が求められるポジション、たとえば開発部やマーケティング部では、1人か2人の本社のメンバーによる英語面接があります。

会社にどのように貢献してくれるか、どのような価値をもたらしてくれるかを本社メンバーは冷静に見ます。流暢な英語よりも、課題解決力や柔軟性、そして市場の理解力などを重視していることが多いです。

「A3用紙1枚」でまとめる力

トヨタ自動車やマイクロソフトで採用していたのが「A3用紙1枚」フォーマットです。

Amazonでも資料を1枚にまとめることが求められ、ワンページャーと呼ばれているそうです。

マイクロソフト在籍時は、ビル・ゲイツをはじめとする米国本社役員への説明は1テーマにつき1枚で行っていました。年に一度米国本社で行っていた半日がかりの役員会議でも、1テーマにつき1枚で、各国の役員も同じテンプレートを使うルールになっていました。作る側も見る側も様式が統一していると、目が慣れて効率よく情報共有が進みます。

また、情報を1枚にまとめることで、主要なポイントに焦点を当て、情報の整理や優先順位付けを強制されるため、建設的なディスカッションが可能になります。

役員向けに限らず、社内でコンパクトかつスマートな資料を作成するうえで、次の5つを意識していました。

1．結論ファースト

何のための資料なのかを最初に明らかにします。状況を共有するだけなのか、提案を含めるのか、決定を求めるのか……提出先の相手に求めるアクションをまず最初に言い切ります。

2．4つの構成

情報を整理し、A3用紙1枚に収まるように構成を工夫しました。（1）背景、（2）

課題、（3）解決策、（4）アクションプランの4つを左上から右へ順に配置することで、相手に伝わりやすくなります。

3．シンプル・イズ・ベスト

説明や表現をシンプルにし、ムダな言葉を削除します。具体的なデータや例を用いることで、説得力を高めることができます。日本企業で多くみられるような、画像やイラストは相手を疲れさせるので使いません。

4．グラフやデータで説得力を増す

市場データなどのエビデンスを用いて、なるべく客観性を持たせて説明することに努めます。エビデンスはグラフや図表を使って視覚的に情報を伝えることで、相手の理解度を高め、説得することができます。

5．次につながるフィードバック

資料を説明した後に、フィードバックをもらいます。相手から意見をもらうことで、次の機会で改善すべき点が明らかになります。

A3用紙1枚で情報をまとめるスキルは、国内外を問わず、効果的なビジネスコミュニケーションを実現するための能力です。このスキルを磨くことで、提案が受け入れられやすくなり、成果を出すことができます。

資料作成は手段であり、本来の目的は相手を動かすこと。A3用紙1枚の資料で、理解を求めたり、納得してもらうことで、決定や協力など相手の行動を引き出します。

外資系企業で通用する「資料作成の5ルール」

ビジネスパーソンが作成した資料を5万ファイル以上収集してAI分析したところ、1スライドの平均文字数は日本語で385文字でした。

これは「伝える」資料であって「伝わる」資料ではありません。理解をするのも納得するのも相手ですから、相手が主役の「伝わる」資料を作らないといけません。

これは英語でも同様です。外資系企業で活躍する日本人社員たちが作成する「英語の〝伝わる〟資料」には5つの共通点がありました。この調査結果をもとに、私もこの5つのポイントを押さえて資料を作っています。

これらのポイントはあらゆるビジネスシーンで活用できるガイドラインですので、ぜひ参考にして実践してみてください。

1．情報量を絞る

自分の伝えたい資料を作ろうとするとスライド内の文字数は多くなり、相手に伝わりません。相手に「伝わる」ようにするためには、伝わってほしい重要な情報に絞る必要があります。

一流社員の資料は、自然なスピードで30～45秒で話せる程度の情報量でした。

また、どの情報に絞るかは、状況次第ではありますが、外資系の一流社員は「相手にメモを取らせたい言葉」を事前に決めて、その言葉を補足する文章と合わせて80単語以内に絞った資料が多いことが判明しました。どの言葉が伝われば成功であるのかを事前に設計していたのです。情報を詰め込み過ぎずに、重要なことに絞りましょう。

2．シンプルなデザイン

カラフルで派手な資料は情報を伝えるより混乱を招きます。資料のデザインをシンプルに保つことで目から脳へと伝わりやすくなります。

スライド内で使用するカラーは3色以内（2色以内であればベター）、フォントサイズは18pt以上にしましょう。フォント種別はWindowsパソコンならSegoe UIやCalibriがオススメです。MacであればVerdanaは視認性が高くオススメです。

また、相手に最も伝わってほしい重要な情報の周りには余白を配置すると、自然に目線が重要な箇所に移るようになります。重要な情報は白抜き文字にすると相手の印象に残りやすいことが2.1万人の行動実験で明らかになりました。

3．トーン&マナー

すべての資料でデザインを統一することで相手を惑わせることはなくなります。同じフォント、カラー、彩度や画像やイラストなどを統一することで、全体のトーンやマナー（トンマナと略される）の一貫性を保つことが大切です。

パワーポイントでは「スライドマスター」という機能があります。いわゆる雛形《ひながた》を作る機能です。パワーポイントの「表示」メニューから、「スライドマスター」を選択して、スライドで使用するフォントやカラーを事前に設定しておきましょう。

紹介したフォントの種類も、この「スライドマスター」で設定しておけば、何度も修正する手間を省くことができます。

4. データとインサイト

統計データを視覚的に表現することで、相手は理解を深めることができます。グラフやチャートなどを使用してデータを表示すると、情報が視覚的に訴えるものになります。

たとえばExcelで作成した円グラフをパワーポイント資料に挿入すれば簡単に主張の裏付けを説明することができます。英語で話すことに自信がない人こそ、データやグラフを使って視覚的に説明することをオススメします。

ただし、グラフそのものの情報だけでは相手に伝わりません。そのグラフから何がわかるのか（インサイト：洞察）を相手に示さないと、正しく伝わりません。

たとえば、「この円グラフから、半数以上が30代以上であることがわかります」といったグラフから得られたインサイトを伝えるのです。相手が欲しいのはインフォメーションではなく、インサイトです。グラフやデータで得られたインサイトを文字の近くに配置しましょう。

5. 確実なチェック

最後に、作成したスライド内でスペルミスや文法ミスがないか確認します。小さなミスによって相手の注意をそらす可能性があります。パワーポイントには多言語のスペルチェック機能が内蔵されています。

メニューの「校閲」から、【言語】→【校正言語の設定】の順に選択して使用する言語として「英語」を選択します。この設定をしてから、メニューの「校閲」から「スペルチェックと文章の校正」を選択すると、英語のスペルミスを見つけてくれます。

人間の目で確認するよりも漏れなく確実にチェックができますので、ぜひ活用してみてください。

これらのポイントを実践すれば、きっとあなたの英語の資料はレベルアップします。非ネイティブだからこそ、「伝わる資料」の作り方を知っておいたほうがいいでしょう。なぜなら、英語力をカバーすることができるからです。

グローバルランゲージは数字

世界標準の言語は英語でもスペイン語でも中国語でもありません。「数字」です。なぜなら、世界中で共通の意味を持ち、言語の壁を越えて理解が可能だからです。

マイクロソフトでも、財務状況の把握だけではなく、戦略や目標を定量的に評価する手段として、数字を用いてコミュニケーションします。

「数字」を用いて説明することで、情報を客観的に伝えることができます。

たとえば、会社の財務報告書や業績報告書は関係者が共通の理解を持つために数字で表現されています。また、各市場の売上の伸びや市場シェアの変化は、数字で定量的に表現されることで、相対比較や冷静な議論を行うことができます。

さらに、「数字」は文化や言語の違いを超えて、相手に情報を伝えることができます。マイクロソフトは世界中で約120カ国に現地法人があります（2023年12月時点）。製品の価格や数量などは、グローバルビジネスにおいて、言語や単位の違いをクリアにするために「数字」を使用します。

各地域のメンバーたちと組んだプロジェクトの進捗やコスト、期間などを数字で管理することで、チームメンバー間での共通認識が容易になります。

自身の価値を表現する際にも「数字」が効果的です。「数字」を使って実績を示すことは、自己アピールにつながります。自分の経験や成果を振り返り、数字を交えた自己紹介をすることで、信頼性が高まります。念のため、図5－1で英語での数字の

図5-1 数字の読み方

漢数字	数字	読み方
一	1	one
十	10	ten
百	100	one hundred
千	1,000	one thousand
一万	10,000	ten thousand
十万	100,000	one hundred thousand
百万	1,000,000	one million
千万	10,000,000	ten million
一億	100,000,000	one hundred million
十億	1,000,000,000	one billion
百億	10,000,000,000	ten billion
千億	100,000,000,000	one hundred billion
一兆	1,000,000,000,000	one trillion
十兆	10,000,000,000,000	ten trillion

読み方を紹介します。

たとえば、「経理部で簿記2級の資格を持ち、180人の営業部員がいる部署のバランスシートを2年間作成していました」といった具合に、数字を用いて実績を伝えることで信用力が上がります。ただし、英語力をアピールする際は注意が必要です。

TOEICで高得点を取得しても、実際のビジネス現場で役立つかどう

図5-2 分数の読み方

2分の1 ＝	a half
3分の1 ＝	a third
3分の2 ＝	two thirds ※thirdが2個だから複数形
4分の1 ＝	a quarter
4分の3 ＝	three quarters
8分の1 ＝	an eighth

かは別問題です。

ビジネスで使える英語力とは、状況に応じて柔軟に会話ができるコミュニケーション能力のことであり、あらかじめ用意された英語の文章をただ読むだけでは十分ではありません。「TOEICで800点以上取得した」と言うよりも、「3年間、アメリカの本社と英語で予算の交渉をしてきました。だからこのプロジェクトでも英語での交渉力が役立つと思います」と数字を織り交ぜて具体的な経験をアピールすることが重要です。

英語で説明や交渉をするうえで、数字を正しく表現することが求められます。

私も「数字」で表現することの大切さを外資系企業で学びました。曖昧な表現を避け、ストレー

図5-3 アルファベットがつく単位

K	kilo / thousand（0が3つ）	キロ
M	million（0が6つ）	メガ／ミリオン
G	billion（0が9つ）	ギガ
T	trillion（0が12個）	テラ

トに意見を伝え、数字を含めてコミュニケーションすることの効果は、私が現在行っているグローバルビジネスでも生きています。

英語の分数の読み方

英語で分数を読むときは「分子（基数）＋分母（序数）」の順で示します（図5－2）。

ただし、「2分の1はa half」と「4分の1はa quarter」です。この表現は英語圏で日常的によく使います。

10Mや10Kってどういう意味？

ビジネスの予算やSNSでの「いいね！」数で、「10M」や「10K」など大文字のアルファベットがついた単位がよく目に入るようになりました（図5－3）。

10Mの「M」はmillionを表します。つまり「10×

100,000（one million）＝10,000,000（1千万）」です。

「K」はギリシャ語で「千」を表す「kilo」の略です。つまり10Kは「10×1,000（one kilo）＝10,000（1万）」です。

倍数の読み方

「2倍」「3倍」など英語の「倍数」は、「数字＋times」で表現します（図5－4）。

図5-4 倍数の読み方

2倍	two times / twice
3倍	three times
5倍	five times

小数の読み方

小数点を"point"と発音し、各桁を個々に読みます。ただし、お金はこの方法では読みません（図5－5）。

測定値の読み方

数字を読み、単位を続けます。単位はしばしば文書では短縮されます（図5－6）。

図5-5 小数の読み方

文書	口頭
0.5	point five
0.25	point two five
0.73	point seven three
0.05	point zero five
0.6529	point six five two nine
2.95	two point nine five

図5-6 測定値の読み方

文書	口頭
60m	sixty meters
25km/h	twenty-five kilometers per hour
11ft	eleven feet
2L	two liters
3tbsp	three tablespoons
1tsp	one teaspoon

社内で味方を作るLPT

マイクロソフト社内で事業や人間関係などで成功するために重要な要素とされていたのが、LPT（ロジック・パッション・テナシティー）です。これらの要素は、他の外資系企業でも有効だと思います。

ロジック（Logic）は、論理的思考や問題解決能力を指します。正確な判断や効果的な意思決定を行うために、情報を収集し、分析し、整理する能力が求められます。ロジックを持つことで、仕事や人間関係で複雑な状況に対処し、筋道の通った意見やアイデアを提案することができます。

パッション（Passion）は、情熱や熱意を意味します。何かに対して熱中し、情熱を持って取り組むことが成功への鍵となります。パッションを持つことで、困難な状況でも諦めずに努力し続け、自分やチームを前進させる原動力となります。

テナシティー（Tenacity）は、粘り強さや執念を指します。目標に対して根気強く取り組むことで、困難な状況や挑戦にも耐え抜くことができます。

　私が在籍していたときに最高経営責任者（CEO）で創業者の一人でもあるスティーブ・バルマーが「テナシティー」と全社員向けによく発していました。

　そして、彼自身がその体現者の一人であり、全社員ミーティングの壇上で論理的に戦略を語り、情熱的に走り回って社員を鼓舞《こぶ》し、力強く拳を握りしめて必ずビジネスを成功させると宣言していました。

　こうした言動に社員が触発され、諦めずに前へ進む社内文化が浸透していきました。

「エグゼキューション・ロボット」は誉め言葉

　日本マイクロソフトなどの現地法人が米国本社から「エグゼキューション・ロボット」と評されたら最大の賛辞でした。初めてこの言葉を聞いたときは、からかわれているのではないかと感じたのですが、のちにネイティブスピーカーに聞くと「誉め言葉」であることがわかったのです。

「ロボット」と呼ばれるのは、現地法人がタスクやプロジェクトを正確に実行する能力に長《た》けていることを認めていることを意味します。極めて効率的に業務を遂行し、戦略やプロジェクトを的確に実行できる組織に対して贈られる言葉です。

このような評価を受ける現地法人は、米国本社からの信頼が厚く、その市場において成功を収めている証拠です。

しかし、この言葉には注意が必要です。Web3と言われる現代では、分散型自律組織が理想とされます。複雑で不安定な環境では、中央組織からの命令を待つことなく、自分たちで考えて迅速に動かないといけません。単に与えられたタスクをこなすだけでなく、柔軟性や創造性も求められる状況です。社員同士で新しいアイデアを共有し合い、組織全体がイノベーションを追求することが求められます。

また、「ロボット」ではなく、ビジネスパーソンとして成功するためには、リーダーシップや創造性、人間関係のスキルを高めていくことが必要です。

実行力だけでなく、チームを率いてビジョンを共有し、困難な状況でも冷静に状況を判断して打開していくことが求められていきます。

ですから、いずれこの賛辞の言葉は、酷評に変わっていくかもしれません。

ジョブ型の社内異動

2005年にマイクロソフト、アメリカ本社のメンバーとして採用されました。もともと入社時のジョブ・ディスクリプション（職務内容を記載した文書）に、「日本担当」と書かれていたので、その後日本マイクロソフトへ転籍したことに驚きはありませんでした。

入社当時は本社籍で、同僚も上司もグローバルメンバーでした。直属の上司はオーストラリアの人で、年に数回シアトル郊外の本社ビルで会ったり、電話会議などでコミュニケーションを取っていました。

2007年に日本法人に転籍し、オンライン会議サービスの製品責任者となりました。

その市場開拓に向けてチームメンバーを増やしたり、マーケティング担当を作ったり、営業担当を増やしたりといったことを米国本社と話し合いながら進めていきました。

日本に移って3年ほど後に、「モバイル事業部で空きポジションが出たので受けてみたらどうか？」と打診されました。

社内異動の際は、社外の候補者と同じように面接が行われます。5人ほどの面接を受けて、各面接官からのフィードバックを見て採用責任者（＝上司になる人）が最終決定します。

社外の候補者もいましたが、それまでの実績を具体的にアピールできること、そして面接官が知り合いであるケースもあり、社内の候補者のほうが有利です。

各部署での実績を少しずつ積み重ねて、最終的にはパワポやエクセルなどの担当役員に就任しました。

この経験から、外資系企業では自分自身がどのようにスキルを身につけ、成長していくかが重要である、ということを強く感じました。

ジョブ・ディスクリプションで職責が明確でスペシャリスト採用であっても、社内異動のチャンスはあります。

柔軟性を持ち続け、新しい環境や役割への適応がキャリア発展には欠かせません。自身のスキルを広げることで、さまざまな部門やプロジェクトで活躍でき、会社の成長に貢献し、プロフェッショナルとしての価値を高めることができます。

私は、異なる部門で働くことで会社全体を俯瞰《ふかん》する視点が培《つちか》われました。社内の異動を重ねることで、人間関係が広がり他部門からの協力を得やすくなりました。こうした経験から、私は社内異動を強くオススメしています。

さまざまな経験を積むことで自己成長を促し、「自分が主役のキャリア」を歩むことができます。多様な人々と共に働く外資系企業において、多様な経験と豊富な人脈は、成果を出し続けるうえで貴重な資産となります。

コラム

マイクロソフト本社には英語が話せない副社長がいた

マイクロソフトでは有名な話ですが、アメリカ本社の副社長で英語がうまくないインド人がいました。彼はエンジニア統括本部長でした。

マイクロソフト社内には全世界で副社長と呼ばれる人が200人以上います。日本企業でいうところの執行役員クラスです。

マイクロソフトでは、副社長全員が一堂に会することはありません。会議はアジェンダごとに必要な人が招集されます。

この英語が得意でないインド人副社長は、非常に優秀なエンジニアで、AIを組み込んだサービス開発を指揮していました。私も彼と同じ会議に参加したことがありますす。その会議では、参加者の8割以上がアメリカ人で、残りは日本人やインド人、中国人などアジア系でした。

会議では、アメリカ人の副社長がクラウドサービスの戦略について語り、活発なディスカッションが始まりました。私も英語で積極的に発言しました。その議論の中でインド人副社長が話し始めると、彼の英語は完璧ではなかったものの、みんなが聞き入りました。彼の発言内容の秀逸さは圧倒的で、みんながメモを取り、一言一句聞き漏らさないように集中していました。

彼はインドで生まれ育ち、インドの学校を卒業し、40歳を過ぎてからアメリカ本社に異動したそうです。英語力はさほど高くないものの、明晰な分析力でエンジニアチームを率いる役員にまで登りつめたのです。

これは英語が手段であることを象徴する事例です。英語力はコミュニケーションのために必要ですが、それ以上に伝わる内容が重要です。「仕事ができること」が「英語ができること」よりも重要なのです。卓越した能力があれば、流暢な英語は求められないケースもあるということです。

おわりに

ハワイにあるホテルの一室で、本書の原稿を書き終えようとしています。英語での難しい商談を無事に終えてから移ってきました。一人で海外出張して英語で交渉しているなんて想像すらできない……、とは思っていませんでした（笑）。こうなりたいと心から願って英語を勉強しましたから。

グローバルなビジネスをしたいと切望し、英語をマスターしたいと心から願って勉強しました。決して、英語を学ぶことをゴールにしていませんでした。

私は、渡米直後にボキャブラリーが不足していることを認識し、ラジオ講座やニューズウィークで継続的に学習して不足分を補っていきました。

周囲を見ても、「話せるようになりたい」という程度の気持ちで学んでいる人は長続きしないことが多いです。来月からシアトルに赴任するという具体的な目標がある人と、いつかグローバルな世界で英語を使ったビジネスに関わりたいと漠然と考えている人では、英語学習への取り組み方が変わってくるでしょう。

目的を持ち、行動をすることがすべてです。学びの過程では挫折や苦労はつきものですが、それらを乗り越えるためには明確なゴールとモチベーションが必要です。

私がマイクロソフトで最高品質責任者として活動していた時期は、アメリカ本社との厳しい交渉を迫られることがあり、英語での交渉スキルを猛烈に勉強しました。日本のお客様のためにという強いモチベーションがなければ、そこまで学ぶことはなかったでしょう。

ビジネスで英語が必要だと確信するのであれば、行動するしかありません。意欲がある方でも、実際に学び始めるのは4割程度、さらに学習を継続できる人はその中でも3割程度です。つまり、意欲があって学習を継続している人は1割程度しかいないのです。とにかくやる、マスターするまで続ける。これしかありません。

行動力という点で、私はラッキーでした。IQは低いですが、行動力には自信があり、学びや失敗を積み重ねることができました。

自分のキャリアに役立つと思ったらすぐに実践します。継続が必要だと感じたら、継続するための習慣、つまり「行動の型」を作ります。英語学習でも、戦略を立てて決まった時間に勉強する習慣を作ったことがうまくいった要因だと思います。

本書を手に取った方は、英語に不安を感じているのでしょう。**不安はチャンスです**。過去ではなく未来に目を向けている証拠だから。そして、不安があるから準備しようと思うからです。せっかく最後まで読んでいただいたのですから、45分学習や朝活などすぐにでも実践しましょう。

実践してその成果を振り返り、修正しながらさらに実践していけば、外資系でも日系企業でも活躍することができます。ぜひ本書を読んで終わりではなく、実践してください。行動することによって、みなさんで納得したキャリアを摑めるようになることを強く願っています。大丈夫、自信をもって歩んでください。

〈著者略歴〉
越川慎司（こしかわ・しんじ）
株式会社クロスリバー代表取締役

伝統的な日本企業で6年間勤務し、29歳で外資系通信会社に転職。2005年にマイクロソフト米国本社に入社。のちに業務執行役員としてPowerPointやExcelなどOffice事業の責任者となる。2017年に株式会社クロスリバーを設立。世界各地に分散したメンバーが週休3日・リモートワーク・複業（専業禁止）をしながら国内外800社以上の働き方改革を支援。労働時間の削減で終わるのではなく、自律型人材の育成（学び方改革）と新規事業開発（稼ぎ方改革）を伴走支援。各企業・団体のアドバイザー。オンライン講演および講座は年間400件以上、受講者満足度は平均96%。

フジテレビ系「ホンマでっか!?TV」などメディア出演多数。著書29冊、『AI分析でわかったトップ5%社員の習慣』（ディスカヴァー・トゥエンティワン）など日本のみならず世界各地でベストセラーに。

　講演・講座のご依頼はこちらへ https://cross-river.co.jp/

voicyで英語学習や仕事術、キャリアに関して毎日配信しています。

「トップ5%社員の習慣ラジオ」

装丁デザイン：小口翔平+後藤司（tobufune）
図版作成：WELL PLANNING（赤石眞美）
本文イラスト：タカハラユウスケ

英語力ほぼ0からマイクロソフト役員になった私が実践した

外資系1年目の英語勉強法

2024年4月1日　第1版第1刷発行

著　者　越川慎司
発行者　永田貴之
発行所　株式会社PHP研究所
東京本部　〒135-8137　江東区豊洲5-6-52
ビジネス・教養出版部　☎03-3520-9615（編集）
普及部　☎03-3520-9630（販売）
京都本部　〒601-8411　京都市南区西九条北ノ内町11
PHP INTERFACE　https://www.php.co.jp/

組　版　有限会社エヴリ・シンク
印刷所　株式会社精興社
製本所　株式会社大進堂

ISBN978-4-569-85682-7

PHP文庫

海外経験ゼロでも時間がなくても「英語は1年」でマスターできる

三木雄信 著

英語が苦手なのに、孫正義氏の秘書になってしまった元ソフトバンク社長室長が、超多忙な日々の中で編み出した最短最速の英語勉強法！